POLYGLOTT on tour

Irland

**Die Autoren
Rasso Knoller**

ist seit über 20 Jahren Journalist und Sachbuchautor und hat bisher über 40 Bücher veröffentlicht.

Christian Nowak

arbeitet ebenfalls seit mehr als 20 Jahren als Journalist, Fotograf und Buchautor. Von ihm sind bisher über zwei Dutzend Bücher erschienen.

Rasso Knoller und Christian Nowak gehören dem Journalistenbüro »Die Reisejournalisten« an und haben zusammen bereits einige Irlandbücher verfasst.

INHALT

REISEPLANUNG

Die Reiseregion im Überblick	8

Extra-Touren — 9

Tour ❶ Von Dublin in den Süden und Westen (1 Woche) — 9
Dublin › Waterford › Cork › Bantry › Killarney › Ring of Kerry › Cliffs of Moher › Limerick › Dublin

Tour ❷ Von Dublin in den Norden (1 Woche) — 10
Dublin › Belfast › Giant's Causeway › Derry › Donegal › Sligo › Enniskillen › Dublin

Tour ❸ Irlands Höhepunkte (2 Wochen) — 11
Dublin › Cork › Bantry › Killarney › Ring of Kerry › Limerick › Galway › Sligo › Derry › Giant's Causeway › Belfast › Dublin

Klima & Reisezeit	13
Anreise	13
Reisen im Land	14
Sport & Aktivitäten	18
Unterkunft	22
Infos von A–Z	138
Register	140
SPECIAL Kinder	16
SPECIAL Gaelic Sports	18
SPECIAL Singing Pubs	36
SPECIAL Shannon-Kreuzen	73

LAND & LEUTE

Steckbrief Irland	26
Geschichte im Überblick	28
Die Menschen	30
Natur & Umwelt	31
Kunst & Kultur	32
Feste & Veranstaltungen	38
Essen & Trinken	39
Mini-Dolmetscher	144

INHALT

TOP-TOUREN IN IRLAND

Dublin _____ 44

Die Hauptstadt der Republik Irland hat keine einzelnen, alles überragenden Highlights zu bieten, sondern nimmt durch ihre sympathische Mischung aus Großstadtleben, Kulturangeboten, Historie und Erholung für sich ein.

Touren durch die Stadt
Tour ❹ **Südlich des River Liffey**	45
Tour ❺ **Nördlich des River Liffey**	46

Unterwegs in Dublin _____ 47

Dublin Castle › Temple Bar › Trinity College › Book of Kells › Powerscourt Centre › Die großen Museen › St. Stephens's Green › Dublins Kathedralen › Nördlich des Liffey › Whiskey und Guinness › Außerhalb des Zentrums

Zentrum und Ostküste _____ 57

Grünes Bauernland, Klosterruinen und Megalithgräber ergeben ein echt irisches Kaleidoskop. Die Wicklow Mountains laden zum Wandern ein, der Shannon-Fluss zu Bootsausflügen und der River Boyne zum Lachsfischen.

Touren in der Region
Tour ❻ **Sehenswertes südlich von Dublin**	58
Tour ❼ **Von Dublin nach Norden**	60
Tour ❽ **Rund um Athlone**	60

Unterwegs in der Region _____ 61

Monasterboice › Drogheda › Schlachtfeld am Fluss Boyne › Newgrange/Knowth › Hill of Tara › Trim Castle › Kells › Powerscourt Estate › Wicklow Mountains › Glendalough › Wicklow › Wexford › Rosslare › Kilkenny › Tullynally Castle › Mullingar › Athlone › Clonmacnoise › Tullamore › Kildare

INHALT

Südwestirland — 77

Cork, die »heimliche Hauptstadt des Südens«, strahlt liebenswürdigen Charme aus. Überwältigende Natur bieten die weit in den Ozean hinausragenden Halbinseln des Südwestens, von denen Iveragh mit dem Ring of Kerry die meistbsuchte ist.

Touren in der Region
- Tour ⑨ **Von Cork nach Waterford und Cashel** — 78
- Tour ⑩ **Von Cork zur Beara-Halbinsel** — 79
- Tour ⑪ **Die Halbinseln Dingle und Iveragh** — 79

Unterwegs in Südwestirland — 82

Cork › Rock of Cashel › Ionmel › Carrick-on-Suir › Waterford › Tramore › Youghal › Midleton › Kinsale › Mizen Peninsula › Bantry › Sheep's Head Peninsula › Beara › Killarney › Killarney National Park › Ring of Kerry › Kenmare › Dingle Peninsula

Westirland — 98

In den Gaeltachts Westirlands wird noch im Alltag Irisch gesprochen – etwa in der freundlichen Stadt Galway, auf den entlegenen Aran-Inseln und im rauen Nordwesten der Grafschaft Mayo. Spektakulär sind die 200 m ins Meer abfallenden Cliffs of Moher.

Touren in der Region
- Tour ⑫ **Von Limerick an die Westküste** — 99
- Tour ⑬ **Von Galway nach Connemara** — 101
- Tour ⑭ **Rundtour südlich von Sligo** — 101

Unterwegs in Westirland — 102

Limerick › Bunratty Castle › Ennis › Cliffs of Moher › Doolin › The Burren › Lisdoonvarna › Galway › Aran Islands › Connemara N.P. › Clifden › Kylemore Abbey › Louisburgh › Clare Island › Croagh Patrick › Westport › Knock › Newport/Achill Island › Mayos Nordwesten › Sligo

---

Allgemeine Karten

Die Lage Irlands	26
Übersichtskarte Extra-Touren und Kapitel	**Umschlag hinten**

Landes-Karten

Dublin	48
Zentrum und Ostküste	59
Südwestirland	80
Cork	82
Westirland	100
Der Norden	120
Belfast	123

Schafe sieht man oft in Irlands ländlicher Weite

Der Norden _____ 117
Dramatische Küsten, idyllische Seen und der Giant's Causeway als Höhepunkt bieten unvergessliche Landschaftserlebnisse. Seit dem Ende der Unruhen sind auch die Städte Nordirlands, allen voran Belfast und Derry, neu aufgeblüht.

Touren in der Region
Tour ⑮ **Von Belfast zum Lough Neagh**	**118**
Tour ⑯ **Rundtour nördlich von Belfast**	**119**
Tour ⑰ **Von Derry in den Nordwesten**	**119**

Unterwegs im Norden _____ **122**

Belfast › Ards Peninsula › Lough Neagh/Ardboe › Giant's Causeway › Bushmills › Portrush/Portstewart › Dunluce Castle › Derry › Strabane/Sperrin Mountains › Enniskillen/Seenland › Donegal › Slieve League › Glencolumbkille › Glenveagh N.P. › Rathmullan › Grianan of Aileach

Die originellsten Unterkünfte	**23**
Mehr als Fish'n'Chips	**40**
Die urigsten Pubs	**52**
Faszinierende Hochkreuze	**62**
Märchenhafte Schlösser und Burgen	**102**
Die schönsten Strände	**137**

Ross Castle im Killarney National Park

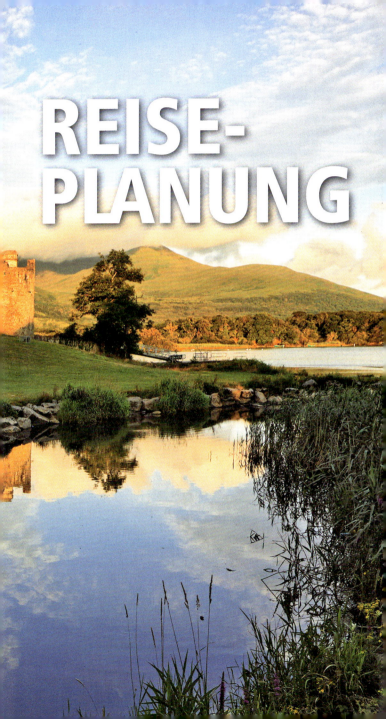

REISE-PLANUNG

Die Reiseregion im Überblick

Die irische Hauptstadt **Dublin** hat in den letzten zwei Jahrzehnten einen geradezu märchenhaften Aufstieg vom Armenhaus Europas zu einer ansehnlichen Metropole hingelegt. Sie kann es zwar nicht mit Rom, London oder Paris aufnehmen, aber der Kontrast zum beschaulichen ländlichen Irland könnte kaum größer sein. Dublin ist das unbestrittene Finanz-, Verwaltungs- und Medienzentrum. Ehrgeizige Bauvorhaben haben der Stadt in den letzten Jahren ein neues Gesicht gegeben. Doch die Wirtschaftskrise hat den »Keltischen Tiger« mittlerweile härter getroffen als viele andere Länder Europas. Das Platzen der Immobilienblase und der Einbruch der Baubranche führten für viele Iren zu einem deutlich spürbaren Verlust an Wohlstand. Mit rund 500 000 Einwohnern ist Dublin eine relativ kleine Hauptstadt, jedoch reich an Sehenswürdigkeiten. Die immer noch beschwingte Atmosphäre der Stadt lässt sich am besten bei einem Bummel durch die legendären Pubs erfahren.

Jenseits der Hauptstadt wird die Besiedlung rasch dünner. Das **Zentrum** der Insel wird mit seinen sattgrünen Wiesen und Hügeln dem Beinamen »Grüne Insel« vollauf gerecht. Imposante Bauwerke wie der prähistorische Grabhügel von Newgrange oder die Ruinen der Klöster von Clonmacnoise und Glendalough erzählen von der langen Geschichte des Landes. Die **Ostküste** wurde schon von den Wikingern besiedelt. Heute ziehen v. a. die Strände zwischen Dublin und Rosslare und die Wicklow Mountains die Besucher an.

Die City Hall der nordirischen Hauptstadt Belfast

Im **Südwesten** zählen die Grafschaften Cork und Kerry zu den meistbesuchten Zielen der Insel. Wie die Finger einer Hand ragen die Halbinseln Dingle, Iveragh, Beara und Sheep's Head weit in den Atlantik. Zum Teil winzige Straßen, die nur aus Kurven bestehen, umrunden jede dieser Halbinseln mit ihren oft wildromantischen Küsten.

Die schroffe Felsküste von **Westirland** erreicht an den Cliffs of Moher ihren Höhepunkt. Bei der Durchquerung des kahlen Burren-Nationalparks wird klar, warum im 19. Jh. so viele Iren während der großen Hungersnot ihre Heimat verlassen mussten. Wer sich für alte gälische Traditionen interessiert und in einem Pub der irischen Sprache lauschen möchte, fährt in die Grafschaft Galway, das größte sogenannten *Gaeltacht*-Gebiet Irlands.

Der **Norden** der irischen Insel wurde früher von der Provinz Ulster gebildet, heute gehört der westliche Teil zur Republik Irland, der größere Ostteil zu Nordirland. Seit der Festigung des Friedensprozesses bekommt Nordirland allmählich wieder die Aufmerksamkeit, die es verdient. So auch Belfast, eine Stadt, die anfängt, ihre schönen Seiten herauszuputzen und doch immer noch Spuren der jüngeren Vergangenheit zeigt. Die meisten Sehenswürdigkeiten im Norden liegen entlang der Küste. Das größte Naturwunder ist der Giant's Causeway, eine 60 Mio. Jahre alte Ansammlung von Zehntausenden von Basaltsäulen.

Extra-Touren

Von Dublin in den Süden und Westen in einer Woche

Tour-Übersicht:
Dublin › Waterford › Cork › Bantry › Killarney › Ring of Kerry › Cliffs of Moher › Limerick › Dublin

Distanzen:
Dublin › Waterford 160 km; **Waterford › Cork** 125 km; **Cork › Bantry** 110 km; **Bantry › Killarney** 85 km; **Killarney › Ring of Kerry** 175 km; **Ring of Kerry › Cliffs of Moher** 140 km; **Cliffs of Moher › Limerick** 80 km; **Limerick › Dublin** 200 km.

Verkehrsmittel:
Auch wenn der Linksverkehr vielleicht etwas ungewohnt ist und viele Straßen relativ eng und kurvig sind, bietet doch der eigene Wagen oder ein Mietwagen erhebliche Vorteile.

REISEPLANUNG › Extra-Touren › ❷ **Von Dublin in den Norden**

› Karte Umschlag

Traumhafter Blick über den Garten von Bantry House zur Halbinsel Beara

Diese Tour bietet in kurzer Zeit viele der Höhepunkte Irlands. Von ****Dublin** › S. 44 geht es entlang der Ostküste nach ***Waterford** › S. 87. Wer einen halben Tag mehr Zeit hat, kann einen Abstecher in die ****Wicklow Mountains** › S. 66 machen und obendrein noch die Klosterruinen von ****Glendalough** › S. 67 besichtigen. Die Hauptstraße nach ***Cork** › S. 82 und **Bantry** › S. 92 verläuft größtenteils im Landesinneren, doch lohnen sich Abstecher an die Küste, etwa zum ***Charles Fort** › S. 89 und nach **Mizen Head** › S. 91. Nach der Hafenstadt Cork führt die Tour meist entlang der malerischen, vielfingrigen Küste. Die Entscheidung, welche Halbinsel man umrunden möchte, fällt schwer. Die meisten wählen – mit Ausgangspunkt ***Killarney** › S. 94 – die **Iveragh Peninsula**, um die herum der ****Ring of Kerry** › S. 95 verläuft. Aber auch die Halbinseln ****Beara** › S. 93 und ****Dingle** › S. 96 haben ihre Reize. Dramatisch kommen die ein Stück weiter nördlich gelegenen ****Cliffs of Moher** › S. 104 daher, die senkrecht 200 m ins Meer abbrechen. Über **Limerick** › S. 102, ein gemütliches Städtchen am Shannon, geht es durchs Landesinnere zurück nach Dublin.

In einer Woche von Dublin in den Norden

Tour-Übersicht:
Dublin › Belfast › Giant's Causeway › Derry › Donegal › Sligo › Enniskillen › Dublin

Distanzen:
Dublin › Belfast 170 km; Belfast › Giant's Causeway 100 km; Giant's Causeway › Derry 70 km; Derry › Donegal 75 km; Donegal › Sligo 65 km; Sligo › Enniskillen 75 km; Enniskillen › Dublin 145 km.

Verkehrsmittel:
Auch für diese Tour ist der eigene oder Mietwagen das Fortbewegungsmittel der Wahl. Mit öffentlichen Verkehrsmitteln erreicht man nicht alle Sehenswürdigkeiten und braucht wesentlich länger.

3 Irlands Höhepunkte ‹ Extra-Touren ‹ REISEPLANUNG

Für die meisten Irlandreisenden ist die Hauptstadt ****Dublin** › S. 44 der erste Anlauf- und auch gleich der erste Höhepunkt. Ein Tag ist für die Erkundung Dublins sicher zu wenig, mindestens zwei sollten es schon sein. Anschließend geht es in die nordirische Hauptstadt ***Belfast** › S. 122, die sich langsam von den Kriegswirren erholt und wieder ein lohnendes Besuchsziel darstellt. Der *****Giant's Causeway** › S. 128, eine rund 60 Mio. Jahre alte Ansammlung von Basaltsäulen an der Nordküste, gehört zweifelsohne zu den beeindruckendsten Touristenzielen Nordirlands. Bevor man nach ***Derry** › S. 130 ins Landesinnere fährt, sollte man sich noch in Ruhe in den kleinen, gemütlichen Küstenorten **Portrush** und **Portstewart** › S. 129 umschauen.

Die irische Harfe in Brückenform: Samuel Beckett Bridge in Dublin

Zwischen **Donegal** › S. 134 und **Sligo** › S. 116 fährt man dann wieder ein Stück an der teils wildromantischen Küste entlang. ***Enniskillen** › S. 132 im Grenzland zwischen der Republik Irland und Nordirland ist das Zentrum der Seenlandschaft um Lough Erne. Bevor man nach Dublin zurückkehrt, sollte man die drei Hauptsehenswürdigkeiten der Gegend besichtigen: ***Florence Court, **Castle Coole** und ***Devenish Island** › S. 133.

Irlands Höhepunkte in zwei Wochen

Tour-Übersicht:
Dublin › Cork › Bantry › Killarney › Ring of Kerry › Limerick › Galway › Sligo › Derry › Giant's Causeway › Belfast › Dublin

Distanzen:
Dublin › Cork 260 km; **Cork › Bantry** 110 km; **Bantry › Killarney** 85 km; **Killarney › Ring of Kerry** 175 km; **Ring of Kerry › Limerick** 110 km; **Limerick › Galway** 105 km; **Galway › Sligo** 250 km; **Sligo › Derry** 150 km; **Derry › Giant's Causeway** 70 km; **Giant's Causeway › Belfast** 100 km; **Belfast › Dublin** 170 km.

Verkehrsmittel:
Ab einer Reisedauer von zwei Wochen lohnt es sich unter Umständen, über die Mitnahme des eigenen Pkw nachzudenken. Bei kürzeren Aufenthalten sind in der Regel das Ticket eines Billigfliegers und ein Mietwagen kostengünstiger.

REISEPLANUNG › Extra-Touren › ❸ Irlands Höhepunkte › Karte Umschlag

Die große Irlandrundtour verläuft über weite Strecken entlang der Küste und berührt viele der größten Sehenswürdigkeiten der Insel.

Von **Dublin › S. 44 geht es südwärts entlang der Ostküste – mit einem Abstecher in das Wanderparadies **Wicklow Mountains › S. 66 – in die Hafenstadt *Cork › S. 82 mit ihrem charmanten Zentrum und weiter nach Bantry › S. 92.

In *Killarney › S. 94 beginnt der **Ring of Kerry › S. 95, die Rundfahrt um die Iveragh Peninsula, die man auf keinen Fall verpassen sollte. Aber auch die anderen Halbinseln im Südwesten sind Abstecher und Umwege wert. An der Westküste warten spektakuläre Küstenabschnitte, etwa die 200 m tief ins Meer abbrechenden **Cliffs of Moher › S. 104.

In und um *Galway › S. 106 befindet man sich inmitten des größten Gaeltacht-Gebiets, wo viele Menschen noch Irisch sprechen. Über Sligo › S. 116 und *Derry › S. 130 gelangt man zur Nordküste, wo der ***Giant's Causeway › S. 128, eine rund 60 Mio. Jahre alte Ansammlung von Basaltsäulen, den Höhepunkt bildet.

Nordirlands Hauptstadt *Belfast › S. 122 hat sich mittlerweile vom Bürgerkrieg erholt und ist wieder einen längeren Zwischenhalt wert. Nur die hochpolitischen **Wall Murals › S. 125 erinnern noch an diese dunkle Zeit. Entlang der Küste – mit einem Abstecher zum Megalithgrab von ***Newgrange › S. 63 – geht es wieder zurück nach Dublin.

Wasserfall am Ring of Kerry

Klima & Reisezeit

Irland wird von gemäßigtem atlantischem Klima unter Einfluss des Golfstroms beherrscht. In den kältesten Monaten Januar und Februar misst man Tagestemperaturen von 5–8 °C, in den wärmsten Monaten Juli und August Temperaturen um 16 °C; die Jahresdurchschnittstemperatur liegt um 10 °C. Der Südosten weist die meisten Sonnentage, der Südwesten die mildesten Winter und der Nordosten die meisten Frosttage auf. Die geringsten Niederschläge gehen im Osten, die meisten über dem bergigen Südwesten nieder. Zu allen Jahreszeiten ist mit raschem Wetterwechsel zu rechnen.

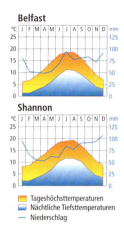

Die beliebteste Reisezeit reicht von Mai bis Anfang Oktober, wobei im Mai und Juni am ehesten die Sonne scheint und mancher (aber keineswegs jeder!) Sommer der letzten Jahre ungewohnt hohe Temperaturen von bis zu 30 °C brachte.

An gesetzlichen **Feiertagen** › S. 138 sind die Straßen sehr voll, Unterkünfte sollte man im Voraus buchen.

Schüler haben im **Juli** und **August Sommerferien**.

Anreise

Fluggesellschaften und Reedereien mit direkten Links listet die Website von Tourism Ireland, www.ireland.com/de-de, auf.

Mit dem Flugzeug

Dublin wird von fast allen europäischen Fluggesellschaften und von vielen Städten aus bedient, sodass eine ganze Reihe täglicher Verbindungen zur Auswahl steht. Internationale Flüge gibt es zudem nach Shannon und Kerry, gelegentlich auch nach Cork, daneben Anschlussflüge im Land nach Galway und Sligo. Belfast ist über englische Flughäfen wie London und Manchester, ab Amsterdam auch mit einem Direktflug zu erreichen.

Wer ein Auto mieten möchte, sollte dies daheim zusammen mit der Buchung des Flugs erledigen, da in Irland selbst mit erheblich höheren Kosten gerechnet werden muss.

Mit der Bahn

Die Anreise mit der Bahn ist zwar seit der Einweihung des Kanaltunnels zwischen England und Frankreich nicht mehr ganz so langwierig, aber immer noch kompliziert und teuer, außer man kann die Sondertarife für junge Leute unter 26 Jahren nutzen.

Mit der Fähre

Von Südwales, Nordengland und Schottland aus überqueren Fähren die Irische See. Einige Fährgesellschaften bieten günstige Kombinationstarife (Landbridge) an, wenn man alle Seestrecken bei ihnen bucht.

Von verschiedenen Häfen Nordfrankreichs bestehen auch direkte Routen nach Irland (Rosslare im Südosten sowie Cork). Die gemütliche Seereise erspart eine lange Autofahrt, ist aber nicht billig.

Reisen im Land

Mit dem Wagen

In Irland wird wie in Großbritannien links gefahren – Autofahrer gewöhnen sich aber meist rasch an die Umstellung. Die Verkehrsregeln in der Republik entsprechen im Wesentlichen denen in Großbritannien und Nordirland: Autos im Kreisverkehr haben Vorfahrt, bei allen anderen Straßen geben Schilder die Regelung an.

Als Tempolimits gelten in geschlossenen Ortschaften 50 km/h (entspricht in Nordirland 30 mph), auf Landstraßen 80 km/h, auf National- und mehrspurigen Straßen 100 km/h (in Nordirland 60 mph auf allen Landstraßen) und auf Autobahnen 120 km/h (in Nordirland auf Autobahnen und mehrspurigen Straßen 70 mph). Alle Fahrzeuginsassen müssen den Gurt anlegen; die Promillegrenze liegt bei 0,5.

Mietwagenfirmen verlangen den nationalen Führerschein, ein Mindest- bzw. Höchstalter des Fahrers von über 25 bzw. unter 70 Jahren und akzeptieren in der Regel nur Kreditkarten als Zahlungsmittel.

SEITENBLICK

Meilen und Kilometer

In Nordirland wird wie im übrigen Großbritannien weiterhin in Meilen gerechnet, in der Republik Irland sind Tempolimits und Distanzen in Kilometern angegeben. Wer sich ein Auto mietet, sollte allerdings achtgeben: Immer noch zeigen die Tachometer vieler Mietwagen Meilen an.

Blick vom Ormond Quay zur O'Connell Street in Dublin

In den sogenannten Gaeltacht-Gebieten › S. 30 sind manche Schilder nur irisch bzw. gälisch beschriftet. Da man in Irland aber ohnehin Straßenkarten benötigt, die auch die gälischen Ortsnamen nennen, sollte dies kein Problem sein.

Mit öffentlichen Verkehrsmitteln

Die Bahnverbindungen auf der irischen Insel gehen fast ausschließlich fächerförmig von Dublin aus, wobei der Westen von Nordirland sowie der Nordwesten und die Südspitze der Republik unterversorgt sind. Dagegen sind die Fernbusnetze gut ausgebaut (*Ulsterbus* in Nordirland und *Bus Éireann* in der Republik). Im Sommer werden vor allem an der Westküste noch zusätzliche Strecken in Betrieb genommen.

Ein Busticket kostet in der Regel weniger als 50 % des Bahntickets, allerdings dauert die Fahrt oft viel länger. Kombitickets sind nicht billig, ermöglichen aber eine gute Ausnutzung des öffentlichen Verkehrssystems. So umfassen die **Irish Explorer Bus & Rail Tickets** z. B. Bahn- und Fernbusreisen in der Republik (ein 8-Tage-Ticket für 245 € gilt innerhalb von 15 Tagen; www.buseireann.ie).

Fahrplan- und Preisauskünfte: **Irish Rail (Iannród Eireann)**: www.irishrail.ie, **Bus Éireann**: www.buseireann.ie, **Northern Ireland Railways**, **Ulsterbus** und **Belfast Metro**: www.translink.co.uk.

SPECIAL
Mit Kindern unterwegs

Irland ist ein junges Land, Familien mit Kindern sind deshalb – auch auf Reisen – keine Seltenheit. Nahezu überall gibt es Kindermenüs, Hochstühle sowie Rampen für Kinderwagen und Buggys. Mietwagenfirmen bieten gegen Aufpreis Kindersitze an. In den meisten Museen und Sehenswürdigkeiten gibt es verbilligte Kindertickets. Wer abends ein Guinness trinken gehen möchte, muss das allerdings ohne den Nachwuchs tun: Ab 19 Uhr dürfen nur noch Erwachsene in den Pub.

Öffentlicher Verkehr
Im Zug fahren Kinder unter fünf Jahren gratis, Jugendliche bis 15 Jahre zum halben Preis (Infos bei Irish Rail, www.irishrail.ie). Im Bus brauchen Kinder bis zu drei Jahren kein Ticket, Jugendliche bis 16 Jahre erhalten Ermäßigungen (Infos bei Bus Éireann, www.buseireann.ie). Informationen über Familien- und Kinderfahrkarten in **Nordirland** gibt es bei Translink (www.translink.co.uk).

So weit die Organisation, doch wie den Nachwuchs bei Laune halten? Endlose Stadtrundgänge und Museumsbesuche, lange Autofahrten und die Suche nach dem x-ten Hochkreuz führen oft zu schlechter Laune und lautstarkem Protest. Doch natürlich gibt es in Irland zahllose Alternativen.

Spaß zu Wasser und zu Land
In Dublin bietet die **Viking Splash Tour** eine eineinhalbstündige Stadtrundfahrt in einem Amphibienfahrzeug an, einem sechsrädrigen, grellbunt bemalten Oldtimer. Dieser fährt zwar auch an den klassi-

Bild oben: Eine Bootstour auf dem Lough Erne bietet vielfältige Erlebnisse

schen Sehenswürdigkeiten vorbei, doch vor allem das Wikinger-Spektakel an Bord begeistert jedes Kind (Infos unter Tel. 01/707 6000 oder www.vikingsplash.ie).

Alle nur erdenklichen Wasseraktivitäten hat das **National Aquatic Centre** im Angebot. Master Blaster, Flow Rider oder das Pirates Ship bieten genug Abwechslung für einen ganzen Tag (Snugborough Rd., Abbotstown, Dublin 15, Tel. 01/646 4300, www.nationalaquatic centre.ie).

Ein ähnlich feuchtes Vergnügen erwartet die Besucher im **Splashworld** in Tramore (Railway Sq., Tel. 051/390 176, www.splashworld.ie).

Im **University of Limerick Activity Centre** (Tel. 061/376 622, www.ulac.ie) ca. 3 km nördlich von Killaloe kann man sich beim Wassersport – Kanu, Kajak, Segeln–, beim Bogenschießen und an der Kletterwand austoben.

Das **Dunmore East Adventure Centre** im County Waterford (Tel. 051/383 783, www.dunmoreadventure.com) verleiht Ausrüstungen für jede Art von Wassersport und bietet vom Schnupper- bis zum Fortgeschrittenenkurs alles an.

Erlebnisse mit Tieren

Der **Dublin Zoo** im südöstlichen Bereich des Phoenix Park › S. 53 wurde 1830 eröffnet und ist damit einer der ältesten Zoos überhaupt (tgl. 9.30–18 Uhr, im Winter bis 16 oder 17 Uhr, Tel. 01/474 8900, www.dublinzoo.ie). Großkatzen wie Löwe, Schneeleopard oder Sumatra-Tiger, dazu Affen, Nashörner, Nilpferde, Elefanten und ein Streichelzoo ergeben ein rundes Angebot.

Der **Belfast Zoo** liegt am Cave Hill mit schöner Aussicht auf Stadt und Fluss, das heißt aber auch, dass man beim Besuch etwas ins Schwitzen gerät. Das Highlight sind die Bären (im Sommer tgl. 10–19 Uhr, im Winter bis 16 Uhr, Tel. 028/ 9077 6277, www.belfastzoo.co.uk).

Als Alternative zu diesen beiden Zoos bietet sich der **Fota Wildlife Park** zwischen Cork und Cobh an, ein sehr weitläufiges Gelände mit vielen frei laufenden Tieren, darunter auch Geparden (wochentags ab 10 Uhr, sonntags ab 10.30 Uhr, Tel. 021/ 481 2678, www.fotawildlife.ie).

Eine Reise mit **Pferd und Planwagen** begeistert die meisten Kinder. Im Schritttempo geht es von Wicklow aus durch Irland – ein echtes Erlebnis, wenn man auf Komfort verzichten kann (Informationen bei Irland-Reisen, Rohrbacherstr. 36, 69181 Leimen, Tel. 0 62 24/ 7 69 76 und unter www.irishhorsedrawn caravans.com).

Im Fota Wildlife Park

Sport & Aktivitäten

Bei vielen Aktivitäten (z. B. Angeln, Bootfahren, Reiten, Golf) fallen Pauschalangebote der Reisebüros preisgünstiger aus als Buchungen beim Veranstalter in Irland selbst.

Wassersport und Bootsferien

Rund 1500 km Küste, 14 000 km Flüsse und über 4000 Seen – Irland ist ein Wassersportparadies. Neben Bademöglichkeiten bieten die Küstengewässer und Loughs Seglern ideale Reviere. Infos:

Irish Sailing Association
- 3 Park Rd. | Dun Laoghaire
- Co. Dublin
- Tel. 01/280 0239
- www.sailing.ie

Als größtes und beliebtestes Revier für den Urlaub auf Kabinenkreuzern bietet sich der Shannon an › **Special S. 73**. Ruhiger und landschaftlich fast noch schöner ist das Gebiet von Upper und Lower Lough Erne im nordirischen Fermanagh.

Angeln

In der **Republik Irland** locken einige der besten Fischgewässer Europas. Die beste Zeit für das Fischen von Lachsen beginnt Ende März, für Meerforellen im Juni, Bachforellen sind von April bis Juni und im September besonders zahlreich.

Angellizenzen unterschiedlicher Gültigkeitsdauer gibt es für eine Region oder auch überregional, z. B. in Anglerläden *(tackle shops)*, in Büros von **Inland Fisheries Ireland** oder vorab im Internet unter www.fishinginireland.info. Dort findet man auch eine Fülle von Informationen, bis hin zu ausführlichen Adresslisten von Angelführern *(ghillies)*, die auch Ruderboote und Unterkünfte vermieten. Die deutsche Version der Website ist ebenfalls sehr informativ, Angelllizenzen online kann man jedoch nur über die englische Homepage erwerben.

Inland Fisheries Ireland
Büros in Swords, Blackrock, Clonmel, Macroom, Limerick, Galway, Ballina und Ballyshannon.
- Swords Business Campus | Swords
- Co. Dublin
- Tel. 01/884 2600
- www.fishinginireland.info
- www.angelninirland.info

In **Nordirland** gelten die Angellizenzen für unterschiedliche Zeiträume, z. B. für das Fischen von Lachs oder für Hechtangeln. Eine Tageslizenz kostet ab ca. 7 £. Das Süßwasserangeln nach anderen Fischen ist wie das Angeln im Meer kostenlos und erfordert keine Lizenz.

Department of Culture, Arts and Leisure
- Causeway Exchange | 1–7 Bedford St.
- Belfast | BT2 7EG
- Tel. 028/9025 8825
- www.dcalni.gov.uk

Pferdesport

Pferdefreunde können in Irland einen Urlaub voller Wonnen erleben. Reitställe, die Unterricht, Ausritte und Wanderritte anbieten, gibt es gehäuft in den Grafschaften Meath und Wicklow sowie im County Cork. 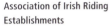 **Urlaub im Pferdewagen** ist seit vielen Jahren eine irische Spezialität. Verleihfirmen finden sich auf der Website www.irishhorsedrawncaravans.com. Infos bietet auch:

Für Segler ist Irlands abwechslungsreiche Küste ein Hochgenuss

Association of Irish Riding Establishments
- Millennium Park | Naas
- Co. Kildare | Tel. 045/854 518
- www.aire.ie

Radfahren

Wer ohne eigenes Rad anreist, findet zahlreiche örtliche Verleiher. Steigender Beliebtheit erfreuen sich organisierte Radtouren mit Gepäcktransport, vorwiegend in Connemara und im Südwesten.

Raleigh Ireland
Unterhält Verleihstationen in der ganzen Republik.
- Finches Park | Long Mile Rd.
- Dublin 12 | Tel. 01/465 9659
- www.raleigh.ie

Go Ireland
Organisiert Rad- und Wandertouren.
- Dalys Lane | Killorglin | Co. Kerry
- Tel. 066/976 2094
- www.govisitireland.com

Wandern

Der längste von Irlands vielen Wanderwegen ist der ca. 930 km lange Ulster Way durch den ganzen Norden der Insel. Am schönsten wandert es sich in den Mountains of Mourne im Nordosten und den Macgillicuddy's Reeks im Südwesten sowie um den Mount Brandon auf der Dingle-Halbinsel und in den Wicklow Mountains.

Golf

Irland besitzt etwa 380 teils wunderschöne Plätze, die meist auch für Nichtmitglieder zugänglich sind. Hotels mit eigenem oder nahe gelegenem Golfplatz gibt es z. B. in Athlone › **S. 72**, Kilkenny › **S. 69**, Waterford › **S. 87**, Sligo › **S. 116** und Portrush › **S. 129**. Für anspruchsvolle Golfer empfiehlt sich der Rathsallagh Golf Course in Dunlavin (Tel. 045/403 316); stilvoll übernachten kann man im noblen Rathsallagh House (Tel. 045/403 112, www.rathsallaghhousehotel.com. ●●●).

Golfing Union of Ireland
- Carton Demesne Maynooth
- Co. Kildare | Tel. 01/505 4000
- www.gui.ie

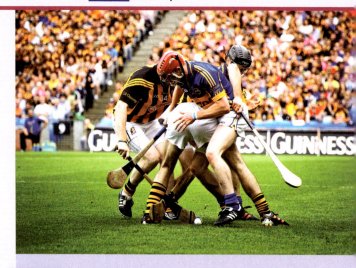

SPECIAL

Hart & schnell: Gaelic Sports

Hurling – dem Feldhockey verwandt – und Gaelic Football haben in Irland lange Tradition und eine politische Dimension in Abgrenzung zu Großbritannien. Was die beiden Sportarten aber besonders attraktiv macht, ist die Art und Weise, wie sie gespielt werden: große Mannschaften, einfache Regeln und auf dem Feld schnelle, harte Action ohne viele Unterbrechungen.

Hurling

Hurling gilt als schnellste im Freien gespielte Mannschaftssportart der Welt. Auf einem 137 × 82 m großen Spielfeld (zum Vergleich: das Feld beim kontinentalen Fußball misst 105 × 70 m) kämpfen zwei Mannschaften zu je 15 Spielern um *goals* und *points* (für einen Schuss ins obere Rechteck des H-förmigen Tors, wo er vom Torwart nicht erreicht werden kann).

Gespielt wird mit einem Stock (*hurley*, auf Irisch *camán*); der harte Ball *(sliotar)* darf in die Hand genommen, aber nicht geworfen oder mehr als vier Schritte lang festgehalten werden.

Während zwei Halbzeiten zu je 35 Minuten (bei Spielen zur irischen Meisterschaft) wird hart zur Sache gegangen – ein gewisses Maß an Körperkontakt ist erlaubt, der Schiedsrichter unterbricht selten, Freischläge werden blitzschnell ausgeführt.

Ergebnisse lesen sich darum etwa so: Westmeath 3-11, Cork 2-13, d.h. Westmeath hat drei *goals* (jeweils drei Punkte) und elf *points* erzielt, macht zusammen 20 Zähler gegen Corks 19 Zähler.

Bild oben: Hurling-Spieler in Aktion

Camogie

Das ist eine zunehmend beliebte, über 100 Jahre alte Form des Hurling für Frauenteams. Die Regeln entsprechen im Wesentlichen denen des Hurling (www.camogie.ie).

Gaelic Football

Wird auf dem gleichen Feld mit der gleichen Anzahl Spieler und ähnlichen Regeln wie beim Hurling gespielt, jedoch ohne Stöcke. Der Ball gleicht in Größe und Form einem Fußball, der mit dem Fuß getreten, aber auch mit den Händen gefangen und gefaustet sowie fünf Schritte weit festgehalten werden darf.

Einfach hingehen!

Die Meisterschaftssaison beginnt im Frühjahr und endet mit dem Hurling-Finale am ersten Sonntag im September und dem Football-Finale zwei Wochen später, beide im Nationalstadion **Croke Park** in Dublin. Die großen Finalspiele ziehen bis zu 70 000 Zuschauer an. Spiele der Lokalmannschaften finden den ganzen Sommer über meist am Samstagnachmittag auf öffentlichen Plätzen statt. Tickets zu Grafschaftsspielen kosten 8–15 €, Vorverkauf ist nicht üblich (außer natürlich bei den Finals in Dublin). Wer wissen will, worum es beim Hurling oder Gaelic Football wirklich geht, sucht am besten einen der Pubs auf, in denen sich die einheimischen Sportsfreunde treffen: Bei **Murphy's** in Killarney zeigt der Fernseher selten etwas anderes als gälischen Sport, und im weit über 100 Jahre alten Pub **O'Briens** in Athy im County Kildare sind die Wände bedeckt mit vergilbten Fotos von Sportheroen vergangener Zeiten. Es heißt, der Besitzer Frank O'Brien könne zu jedem Bild eine Geschichte erzählen.

Croke Park

Das **Nationalstadion Croke Park** (Jones's Road, Dublin 3), ist auch Hauptsitz der Gaelic Athletic Association (GAA, irisch: *Cumann Lúthchleas Gael*), die seit dem 19. Jh. über die Einhaltung der Regeln wacht und die Meisterschaften ausrichtet. Auskunft über Spieltermine und Kartenvorverkauf unter Tel. 01/836 3222; www.gaa.ie).

Im sehenswerten **Croke Park GAA Museum** endet der Rundgang mit dem preisgekrönten Dokumentarfilm »A Day in September«, der die besondere Stimmung bei einem nationalen Endspiel einfängt (http://museum.gaa.ie, Mo–Sa 9.30–17, spielfreie So 12–17 Uhr, Juni–Aug. Mo–Sa 9.30–18, So 10.30–17 Uhr).

Die Hurling-Mannschaft des Countys Clare ist mehrfacher irischer Meister

Unterkunft

Die Fremdenverkehrszentralen **Northern Ireland Tourist Board (NITB)** und **Fáilte Ireland** (beide: www.ireland.com/de-de) unterhalten Büros in nahezu jedem Ort und geben umfangreiche Verzeichnisse heraus sowie gemeinsam mit den Hotelverbänden für die ganze Insel den illustrierten Führer »Hotels and Guesthouses – Be Our Guest«. Ferienhäuser stellt die Broschüre »Guide to Self-Catering Accommodation« vor. Neben neueren Bungalow-Siedlungen lassen sich auch alte, oft liebevoll hergerichtete Cottages in schöner Lage entdecken.

Sehr informative Internetseiten samt komfortablen Buchungsmöglichkeiten bietet www.fewo-direkt.de. Detaillierte Informationen finden sich auch im Adressenführer »The Bridgestone 100 Best Places to Stay in Ireland« (im Buchhandel erhältlich).

Bed & Breakfast

Diese Unterkünfte sind auf der ganzen Insel allgegenwärtig. In der Republik zeigen die meisten Anbieter durch ein Schild mit einem Kleeblatt an, dass sie regelmäßig durch Fáilte Ireland kontrolliert werden. Neben Bett und Frühstück wird oft auch eine warme Abendmahlzeit angeboten.

Im B&B erweist es sich, dass die Iren tatsächlich ein gastfreundliches Volk sind. Der Nachteil bei einem längeren Aufenthalt ist, dass von den Gästen erwartet wird, dass sie tagsüber das Haus verlassen.

Kaminzimmer im Abbeyglen Castle

Guesthouses und Hotels

Hinsichtlich Tagesaufenthalt – aber nicht unbedingt in Bezug auf das Zimmer selbst – bieten Guesthouses mehr Komfort. Wegen der sprunghaften Entwicklung des Tourismus in den letzten 30 Jahren verfügt Irland über zahlreiche moderne Hotels. Diese sind zwar nicht billig, aber wer sich Luxus leisten kann oder über die Stränge schlagen möchte, kann aus einem breiten Angebot an Gästezimmern in wunderschönen Landhäusern und Schlössern wählen. Einige davon werden unter den jeweiligen Orten im Reiseteil beschrieben.

Jugendherbergen, Hostels

An Óige
Betreibt mehr als 20 Herbergen in der Republik.
- 61 Mountjoy St. | Dublin 7
- Tel. 01/830 4555
- www.anoige.ie

Hostelling International Northern Ireland
Vier Herbergen in Nordirland.
- 22 Donegall Rd. | Belfast | BT12 5JN
- Tel. 028/9032 4733
- www.hini.org.uk

Independent Holiday Hostels of Ireland (IHH)
Zusammenschluss unabhängiger Unternehmen aus ganz Irland mit über 80 Häusern. Viele Gäste ziehen deren Herbergen wegen der lockereren Atmosphäre anderen Unterkünften vor.
- Lower Gardiner St. | Dublin 1
- Tel. 01/ 836 4700
- www.hostels-ireland.com

Campingplätze

In Irland gibt es etwa 200 Campingplätze. Nähere Informationen für die **Republik Irland** beim **Irish Caravan and Camping Council** (www.camping-ireland.ie), für **Nordirland** unter www.ukparks.com oder bei der **British Holiday and Home Parks Association** (www.bhhpa.org.uk).

Die originellsten Unterkünfte

- Wer wollte nicht schon immer mal hinter eine der typischen georgianischen Türen Dublins schauen? Im **Staunton's on the Green** gibt es nicht nur viel edles georgianisches Flair, das Hotel besitzt sogar einen Garten. › S. 54
- Wirklich edel geht es im **Mount Juliet** südlich von Kilkenny zu. Ein Reitstall und ein Golfplatz, auf dem die Irish Open ausgetragen werden, gehören zum Hotel. › S. 71
- Ein Hotel mit eigener Insel ist **Waterford Castle** bei Ballinakill. Das noble Haus ist nur mit der Privatfähre erreichbar. › S. 88
- Die Zimmer sind nicht einmal besonders luxuriös, aber das Ambiente macht's: Im roten Salon im **Bantry House** an der Südwestküste hängen Wandteppiche, die eigens für die Hochzeit von Königin Marie Antoinette gefertigt wurden. › S. 92
- Das **Abbeyglen Castle** an der Sky Road bei Clifden ist zwar nur eine Schlossimitation, erbaut von einem Millionär in den 1930er-Jahren. Die Zimmer sind aber trotzdem luxuriös, und die Aussicht atemberaubend. › S. 112

LAND & LEUTE

Das mittelalterliche Ashford Castle in Galway ist heute ein luxuriöses Schlosshotel

LAND & LEUTE › Steckbrief

STECKBRIEF

- **Fläche:** 84 459 km² (Republik Irland 70 282 km², Nordirland 14 177 km²); größte Ausdehnung Nord–Süd 486 km, West–Ost 275 km.
- **Küstenlänge:** 1448 km
- **Längster Fluss:** Shannon (386 km)
- **Größter See:** Lough Corrib (170 km²)
- **Höchster Berg:** Carrantuohill (1041 m)
- **Einwohner:** ca. 6,3 Mio. (Republik Irland 4,6 Mio., Nordirland 1,7 Mio.)
- **Amtssprachen:** In der Republik Irland Englisch und Irisch (Gälisch); in Nordirland Englisch.
- **Hauptstadt:** Dublin
- **Landesvorwahl:** Republik Irland 00353, Nordirland 0044.
- **Währung:** Euro (Republik Irland), Pfund Sterling (Nordirland). Nordirland hat eigene Banknoten, die sich von den britischen unterscheiden.
- **Zeitzone:** Greenwich Mean Time, d.h. MEZ −1 Std.

Lage und Landschaft

Die Insel Irland liegt westlich von Großbritannien im Atlantik. Ihr nördlichster Punkt, Malin Head in Donegal, befindet sich auf demselben Breitengrad wie Ayr in Südschottland und Odense in Dänemark, die Südspitze, Mizen Head in Cork, auf jenem von London und Hamburg.

Eine fruchtbare, von vielen Seen durchsetzte Kalkstein-Tiefebene bildet das Landesinnere. Größere Erhebungen gibt es nur an den Küsten. Im Nordwesten und an der Ostküste bestehen sie aus Granit, im Süden und Südwesten aus Sandstein, im Nordosten aus Basalt; den grandiosen Höhepunkt bildet hier der Giant's Causeway.

Politik und Verwaltung

Irland gliedert sich in vier überregionale Provinzen (Ulster im Norden, Connacht oder Connaught im Westen, Leinster im Osten und Munster im Süden) und 32 regionale Grafschaften (Countys; 26 in der Republik Irland, sechs in Nordirland). Die vier Provinzen entsprechen in etwa den alten Königreichen, nach denen sie auch benannt sind.

Staatsoberhaupt der **Republik Irland** ist ein direkt gewählter Präsident mit Repräsentativfunktion (seit 2011 Michael D. Higgins). Im Parlament *(Dáil Éirann)* sitzen 166 Abgeordnete *(Teachtaí Dála)*, im Senat *(Seanad Éirann)* deren 60. Die größten Parteien sind *Fianna Fáil* (»Soldaten des Schicksals«), die ebenfalls konservative *Fine Gael* (»Familie der Gälen«) sowie die sozialdemokratische *Labour Party.* Derzeitiger Regierungschef ist Enda Kenny von der Fine Gael.

Das sechs der neun Grafschaften der historischen Provinz Ulster umfassende **Nordirland** ist Teil des Vereinigten Königreichs von Großbritannien und Nordirland. Hauptstadt ist Belfast. Nach bürgerkriegsähnlichen Unruhen wurde 1972 das Belfaster Parlament aufgelöst und Nordirland von der Londoner Zentralregierung verwaltet. Erst 1998 konstituierte sich das nordirische Regionalparlament neu. Seit November 2003 stellt die radikal-protestantische *Democratic Unionist Party (DUP)*, die enge Bindungen an Großbritannien befürwortet, die stärkste Kraft.

2007 gelang erstmals eine Regierungsbildung mit der *DUP* und *Sinn Féin,* die meist als politischer Arm der Untergrundorganisation IRA gehandelt wird. Bei den britischen Unterhauswahlen im Mai 2010 errang *Sinn Féin* mit 25,5 % erstmals mehr Stimmen als die *DUP* (25,0 %), und auch bei den Wahlen zum Regionalparlament 2011 konnte sie Zugewinne verzeichnen (26,9 %); hier blieb aber die *DUP* (30,0 %) stärkste Kraft.

Beide Seiten der ehemaligen Bürgerkriegsgegner signalisieren den ernsthaften Willen zur Zusammenarbeit. 2010 drohte das Regierungsbündnis allerdings an einer Justiz- und Polizeireform zu zerbrechen. Erst nach langen Krisensitzungen konnte der Streit beigelegt werden.

Wirtschaft

Seit alters her prägt die Landwirtschaft das Gesicht der **Republik Irland,** obwohl heute die Agrarproduktion kaum noch 3 % des Bruttoinlandsprodukts ausmacht und die Industrie längst die Wirtschaft des Landes bestimmt. Wichtigster Dienstleistungssektor ist der Tourismus (jährlich ca. 9 Mio. Besucher). Zu Beginn des 21. Jhs. verzeichnete die Wirtschaft hohe Wachstumsraten. 2007 lagen die Arbeitslosigkeit unter 5 % und die Kaufkraft und der Exportüberschuss klar über dem EU-Durchschnitt. Durch die Bankenkrise von 2008 schlitterte das Land erstmals seit den 1980er-Jahren in die Rezession, die Arbeitslosenquote kletterte 2012 auf lange nicht mehr dagewesene 15 %. Inzwischen hat sich Irlands Wirtschaft leicht erholt – 2013 lag die Arbeitslosigkeit bei rund 13 % –, doch immer noch belastet eine schwere Schuldenlast den Etat. Dennoch will Irland im Dezember 2013 den Euro-Rettungsschirm verlassen.

Die Region um Belfast in **Nordirland** ist seit dem 19. Jh. das führende Industriezentrum Irlands mit bedeutenden Betrieben der Schwerindustrie (Schiffbau, Luftfahrt) und der Textilverarbeitung. Dies verlieh den Auseinandersetzungen um die Teilung eine zusätzliche Dimension. Industrieinvestitionen werden von der britischen Regierung hoch subventioniert, niedrige Löhne sowie schwache Gewerkschaften ziehen amerikanische und asiatische Firmen an.

Geschichte im Überblick

Ab 7000 v. Chr. Aus dieser Zeit stammen die frühesten Belege für die Anwesenheit von Jägern und Sammlern an den Küsten, ab ca. 3000 v. Chr. gibt es Nachweise von Sesshaftigkeit, Landwirtschaft und hoch entwickelter Kulturtätigkeit (Kammergräber).

Ab 500 v. Chr. Die erste belegbare Zuwanderung von Kelten aus Britannien (Eisenzeit).

Um 300 n. Chr. Mit dem Ogham-Alphabet entwickelt sich eine runenähnliche Schrift.

ab 432 Der hl. Patrick missioniert in Irland.

Ab ca. 800 Wikinger fallen ein. Nach anfänglichen Raubfahrten gründen sie Siedlungen (Dublin, Wexford, Waterford, Cork u. a.).

976–1014 Brian Boru, seit 976 König von Munster, erklärt sich 1002 zum irischen Hochkönig und schlägt 1014 die Wikinger entscheidend. Nach seinem Tod im selben Jahr zerfällt das Reich.

Ab 1169 Dermot MacMurrough unterliegt im Kampf um den irischen Thron und bittet den englischen König Heinrich II. um Hilfe. Dessen Anglonormannen erobern große Teile der Insel, bauen Burgen und führen das Feudalsystem ein.

1366 Mit den »Statuten von Kilkenny« will die englische Krone die Assimilierung ihrer Barone verhindern.

1541 Heinrich VIII. von England lässt sich zum König von Irland erklären und beginnt, mit der »Reformation« von oben die englische Oberhoheit gegen irische Klanfürsten durchzusetzen.

1607 Nach einer gescheiterten Rebellion gegen Elisabeth I. setzen sich die zwei mächtigsten Fürsten nach Frankreich ab. Diese »Flucht der Grafen« gilt als Ende der gälischen Vormacht in Irland. Jakob I. beginnt mit der systematischen Ansiedlung protestantischer Schotten und Engländer in Nordirland (*Ulster Plantation*).

1641–1653 Ein Aufstand katholischer Iren gegen die Siedlungspolitik verzeichnet anfängliche Erfolge. Ab 1649 überzieht Oliver Cromwell Irland mit einem Vernichtungsfeldzug.

1688–1691 Der in England abgesetzte Katholik Jakob II. versucht, auf irischem Boden seinen Thron gegen Wilhelm von Oranien zu verteidigen, unterliegt aber in der Schlacht am Fluss Boyne 1690 › **S. 62**. Periode der *Protestant Ascendancy*: Das irisch-protestantische Parlament in Dublin erlässt 1691 Strafgesetze, die Katholiken von öffentlichen Ämtern ausschließen, sie des Landbesitzes berauben und ihre Religionsausübung erschweren.

1791–1800 In Belfast wird die Vereinigung der *United Irishmen* gegründet. Mit dem *Act of Union* entsteht das Vereinigte Königreich. Das Dubliner Parlament wird aufgelöst, Irland ist zwangsweise in Westminster vertreten.

1829 Der katholische Politiker Daniel O'Connell setzt im Londoner Parlament ein Gesetz zur Katholikenemanzipation durch.
Ab 1840 In der Auseinandersetzung mit Großbritannien erstarken nationalistische Bewegungen. Neues Interesse an gälischer Kultur (1893 *Gaelic League*) erwacht.
1845–1851 Große Hungersnot.
Ab 1880 *Land League* und *Irish Home Rule Party* kämpfen unter Charles Stuart Parnell um irische Autonomie und Bodenreform.
1905–1908 Die Gruppierung *Sinn Féin* (»Wir selbst«) entsteht.
1912/13 Am 28. Sept. 1912 unterzeichnen fast 75 % aller Ulster-Protestanten ein Gelöbnis, Autonomiebestrebungen »mit allen nötigen Mitteln« zu verhindern. Dieses Gelöbnis soll die *Ulster Volunteer Force* durchsetzen.
1916 Ca. 1800 Freiwillige besetzen am 24. April öffentliche Gebäude in Dublin und rufen unter P. Pearse und J. Connolly die Irische Republik aus. Der Osteraufstand scheitert, gilt aber als Geburtsstunde der irischen Unabhängigkeit.
1918–1923 *Sinn-Féin*-Abgeordnete rufen ein eigenes Parlament in Dublin aus, mit Éamon de Valera als Präsident. Die britische Regierung sendet Truppen. Im anglo-irischen Krieg 1919–21 gewinnt die *Irish Republican Army* die Oberhand. Das irische Parlament nimmt 1922 den anglo-irischen Vertrag zur Gründung eines irischen Freistaats an. Danach können die sechs Grafschaften Nordirlands mit protestantischer Mehrheit selbst über einen Beitritt zum Freistaat entscheiden. Bürgerkrieg zwischen den Kräften, die weiterhin eine gesamtirische Republik wollen, und der vertragstreuen Freistaatsregierung, die siegreich bleibt.
1939 Éire erklärt seine Neutralität im Zweiten Weltkrieg.
1967–1972 Loyalisten greifen in Nordirland Demonstrationen der Bürgerrechtsbewegung an. 1969 senden die Briten Truppen. 1970 spaltet sich die illegal für ein vereinigtes Irland kämpfende IRA; die *Provisional IRA* verstärkt den »bewaffneten Kampf«. Als britische Soldaten 1972 am »Bloody Sunday« 13 Demonstranten töten, spitzt sich die Lage zu. Das Belfaster Parlament wird aufgelöst, Nordirland von London aus direkt regiert.
1973 Irland und Großbritannien treten der EWG bei.
1995 In der Republik votiert man für das Recht auf Ehescheidung.
1997/98 Volksabstimmung und Wahlen zum neuen nordirischen Regionalparlament.
1999/2000 Das Regionalparlament in Belfast übernimmt Aufgaben der Selbstverwaltung.
2002 Die nordirische Regierung bricht auseinander, London übernimmt bis 2007 wieder die direkte Regierungsgewalt.
2003 Bei den Wahlen in Belfast siegt Ian Paisleys *Democratic Unionist Party* (DUP).
2005 Die IRA schwört dem bewaffneten Kampf ab.
2007 Im Mai wird die neue nordirische Regierung unter Ian Paisley als First Minister vereidigt.

2009 Beim zweiten Referendum stimmen die Iren für den 2008 noch abgelehnten EU-Reformvertrag.
2009–2010 Irland erlebt die stärkste Auswanderwelle seit Ende der 1980er-Jahre. Infolge der Finanz- und Wirtschaftskrise kehren 34 500 Menschen der grünen Insel den Rücken.
2011 Die Partei *Fine Gael,* bis dahin in der Opposition, gewinnt die vorgezogenen Neuwahlen. Enda Kenny wird Ministerpräsident.
2013 Irland übernimmt die EU-Ratspräsidentschaft von Zypern. Unter dem Motto »Für Stabilität, Arbeitsplätze und Wachstum« bemühen sich die Iren vor allem um die Wiederbelebung der Wirtschaft. In Belfast kommt es während der Marschsaison im August erstmals seit Jahren wieder zu schweren Ausschreitungen.

Die Menschen

Zu behaupten, die Iren seien Kelten, ist etwa so sinnvoll wie die Aussage, alle Deutschen seien Germanen. Den keltischen Einwanderern folgten Wikinger, Anglonormannen und Hugenotten sowie schottische und englische Siedler nach Irland.

Sprache

Als wichtigstes keltisches Erbe behielten die Iren ihre gälische Sprache, die noch alte indoeuropäische Eigenheiten aufweist. Ab dem 10. Jh. entwickelte sich aus dem Gälischen das Irische (Westgälisch), das im 18./19. Jh. als Verkehrssprache dem Englischen weichen musste und erst seit der Gründung des Irischen Freistaats 1922 wieder systematisch gefördert wird. Irisch wird heute in der Republik an allen Schulen gelehrt und ist die offizielle Landessprache. In Umfragen geben etwa 30 % der Bevölkerung in der Republik und gut 5 % in Nordirland an, des Irischen mächtig zu sein, doch nur in den *Gaeltacht* genannten Gebieten – vorwiegend im Südwesten, in den Küstenstrichen von Galway und Mayo sowie in Donegal – wird Irisch noch im Alltag gesprochen, und dies von gerade mal 1 bis 2 % aller Iren. Aber auch hier versteht jeder Englisch. In einigen Gebieten Nordirlands wird der Dialekt Ulster Scot gesprochen.

Religion

Der Katholizismus ist in der Republik Irland de facto Staatsreligion. Zwar belegte der letzte Zensus (2011) sinkende Zahlen, doch bekennen sich noch 84,2 % der Bevölkerung zur katholischen Kirche (1991 waren es 91,6 %, 1981 ca. 95 %). In den vergangenen Jahren gab es zwar öffentliche Kontroversen um Themen wie Geburtenregelung und Scheidungsrecht, die auf einen schwindenden politischen Einfluss der Kirche schließen lassen, aber im täglichen Leben und im Schulwesen ist sie immer noch allgegenwärtig.

Protestantismus herrscht, zumindest politisch, in den sechs nordirischen Countys. Zur presbyterianischen Kirche bekannten sich 2011 rund 19 % der Bewohner Nordirlands. Gemeinsam mit der anglikanischen Church of Ireland, den Methodisten und anderen protestantischen Gruppierungen können die evangelischen Kirchen jedoch auch nur knapp 42 % der nordirischen Bevölkerung auf sich vereinen, während der Anteil der Katholiken bei knapp 41 % liegt.

Natur & Umwelt

Die heimischen Eichenwälder, die in vorgeschichtlicher Zeit große Teile der Insel bedeckten, wurden schon früh bis auf wenige geschützte Reste abgeholzt. Die meisten Aufforstungsprogramme der letzten Jahre beschränkten sich auf schnell wachsende Arten von Nutzhölzern.

Typisch für Irland sind heute außer Weideland mit artenreichen Heckenrainen ausgedehnte Moorlandschaften. Neben Hochmooren mit Heidekraut- und Farnbewuchs bedecken die *bogs* weite Flächen. Diese bis zu 10 m tiefen Torfmoore entstehen, wenn sich das Moos *Sphagnum* in tief liegendem Terrain mit schlechter Entwässerung festsetzt. Torfstechen im industriellen Maßstab, z. B. für Torfkraftwerke, aber auch für private Haushalte, gefährdet die *bogs* ernsthaft. Erst in den letzten Jahren hat man Maßnahmen zur Erhaltung dieser Biotope eingeleitet.

Die als Wachtelkönig bekannte Ralle gehört zu den meistbedrohten Vogelarten Irlands, doch ist ihre Erhaltung zum Symbol für einen Wandel im Umweltbewusstsein der Bevölkerung geworden – in Donegal und Mayo wird auf Schildern dazu aufgerufen, dem irischen Vogelschutzverband Bescheid zu geben, wenn man den charakteristischen Ruf einer *corncrake* hört. Die Vielfalt an Seevögeln und Meerestieren entspricht der anderer nordatlantischer Küsten, aber kaum irgendwo in Europa kann man so viele Tümmler und Delfine sichten wie vor Irlands Süd- und Westküste.

Torfstich in den *bogs*

Kunst & Kultur

Malerei

Garret Morphey (um 1650–1716) gilt als der erste bedeutende irische Porträtist. Wie sein Nachfolger James Latham (um 1696–1747) war er für üppige Farbgebung und Detailtreue bekannt. Die Malerin und Glaskünstlerin Sarah Purser (1848–1943) schuf nicht nur selbst bedeutende Werke, sondern brachte auch in der 1901 von ihr ausgerichteten Doppelausstellung die Patriarchen der beiden wichtigsten irischen Künstlerdynastien zusammen: John Butler Yeats und Nathaniel Hone d. J.

Von John B. Yeats (1839–1922) stammen Porträts berühmter Zeitgenossen, darunter auch Bilder von seinen Söhnen, dem Dichter William Butler Yeats (1865–1939) und dem heute berühmtesten irischen Maler, Jack B. Yeats (1871–1957). Jacks impressionistische Landschaftsgemälde und Darstellungen des Alltags der Bevölkerung von Dublin oder Sligo begründeten seinen Ruhm, doch betätigte er sich auch als Illustrator und Gebrauchsgrafiker. Seine Nichte Anne Yeats (1919–2001) ist mit Stillleben und Landschaftsbildern bekannt geworden.

Aus der Familie Hone stammt neben Nathaniel (1831–1917), der lange Jahre in Frankreich verbrachte und dessen Bilder irischer Landschaften stark von der Schule von Barbizon beeinflusst sind, auch Evie Hone (1894 bis 1955), die nach dem Studium in Paris den Einfluss des Kubismus nach Irland brachte und in ihren Glasmalereien umsetzte.

Literatur

Die Literatur in irischer Sprache florierte von frühchristlicher Zeit bis zur Unterdrückung der Sprache im 17. und 18. Jh. Sagen und Legenden auf Altirisch (ca. 600–900 n. Chr.) sind in später niedergeschriebenen Manuskripten erhalten.

Irlands englischsprachige Literatur hat seit Ende des 17. Jhs. Werke von Weltrang aufzuweisen. Literaturhistoriker streiten jedoch darüber, ob Schriftsteller der *Protestant Ascendancy* wie Nahum Tate und der große Jonathan Swift nicht eigentlich – ungeachtet des »Zufalls« irischer Geburt – der englischen Literatur zuzurechnen seien.

Bei Oscar Wilde und George Bernard Shaw stellt sich die gleiche Frage wie bei Swift: Zwar werden deren Wortgewalt und ihr Sinn für Ironie auf ihre irische Herkunft zurückgeführt, aber sie bewegten sich stets in den literarischen Kreisen Londons und beschäftigten sich kaum mit irischen Themen.

Zu den heute bekanntesten Namen einer englischsprachigen Literatur, die von Stil und Inhalt her für Irland spezifisch ist, zählen Lady Isabella Gregory, William Butler Yeats, John Millington Synge und Sean O'Casey.

James Joyce (1882–1941), dessen epochaler Roman »Ulysses« in Triest, Zürich und Paris entstand, ist der berühmteste einer langen Reihe irischer Autoren, die aus der Ferne detaillierte Schilderungen ihrer Heimat lieferten, unter ihnen William Trevor und Edna O'Brien.

Der nach Paris ausgewanderte Samuel Beckett schrieb gar ab 1948 alle seine Werke auf Französisch, darunter »En attendant Godot«. Weltweite Bekanntheit als moderne Repräsentanten irischer Literatur erlangten der Dramatiker Brian Friel (»Dancing at Lughnasa«) und Roddy Doyle, dessen Romane, u. a. »The Commitments«, verfilmt wurden, sowie Frank McCourt, Autor von »Die Asche meiner Mutter«. Seamus Heaney erhielt 1995 (als vierter Ire nach Yeats, Shaw und Beckett) den Nobelpreis für Literatur.

Ginge es allein nach der Popularität, gebührt Maeve Binchy (geb. 1940) ein Spitzenplatz, denn ihre Kurzgeschichten und Romane erobern immer wieder die internationalen Bestsellerlisten.

Musik und Tanz

In Irland wird von jeher die Verbindung von Elementen der Kunst- und Volksmusik gepflegt. So stand etwa der blinde Harfenist Turlough Ó Carolan in der Tradition keltischer Barden und komponierte im 17. Jh. in der Form überlieferter Tanzweisen, übernahm aber auch Elemente der italienischen Barocktradition.

Séan Ó Riáda, der serielle Musik schrieb, bemühte sich in den 1950er-Jahren um die Wiederbelebung der traditionellen Musik. Aus dem von ihm gegründeten Konzertensemble ging die berühmte Folkgruppe »The Chieftains« hervor.

SEITENBLICK

Aus der Geisterwelt

Geheimnisvolle Wesen (*Daoine sidhe,* das »gute Volk«) bevölkern seit vorchristlicher Zeit die irischen Volksmythen und sind bis heute im Bewusstsein verwurzelt. Zu ihnen gehören bösartige Zwerge, *leprechauns,* die den Feenschatz am Ende des Regenbogens bewachen, *banshees,* weibliche Geister, deren Heulen vom herannahenden Tod kündet, und Quälgeister wie die *púka* oder *pooka,* die sich in Pferde oder Ziegenböcke verwandeln und Menschen entführen.

Trotz ihrer abschreckenden Eigenheiten sind sie stets als »the good people« zu bezeichnen, um sie wohlgesonnen zu stimmen. Um ein Übriges zu tun, stellt man über Nacht eine Schüssel mit Milch aufs Fensterbrett – die *sidhe* sind leicht zufriedenzustellen und können auch positiven Einfluss ausüben.

Zu *Samhain,* dem altirischen Fest des Winters und der Toten (heute als Hallowe'en bekannt und über die USA auch nach Mitteleuropa exportiert), kommen sich nach der überlieferten Vorstellung die Menschen- und die Geisterwelt besonders nahe.

Überaus erfolgreich auf internationalen Bühnen sind seit Mitte der 1990er-Jahre die irischen Tanzshows »River Dance« und »Lord of the Dance«. Die Darbietungen der bis zu 80 Tänzer verknüpfen traditionelle Elemente irischen Tanzes schwungvoll mit moderner Choreografie.

Architektur und angewandte Kunst

Glanzvolle Paradebeispiele für die Umsetzung archetypischer keltischer Ornamentik bei Metallarbeiten sind die berühmte Tara-Spange und der Ardagh-Kelch aus dem 8. Jh., zu bewundern im National Museum von Dublin › S. 49.

Einen Höhepunkt der europäischen Buchillustration stellt das Book of Kells › S. 48 aus dem 9. Jh. mit seinen filigranen Dekorationen und Figuren dar, wie man sie ähnlich auch auf den vielen Hochkreuzen aus derselben Zeit findet.

Romanische (und bald darauf gotische) Kirchen entstanden ab dem 11. Jh. (Cormac's Chapel, Cashel, »Black Abbey«, Kilkenny). Als die Anglonormannen Irland im 12. Jh. kolonisierten, brachten sie ihre Burgenarchitektur mit (Trim Castle, Bunratty Castle), und spätere Zuwanderer hielten es genauso: In Ulster entstanden im 17. Jh. befestigte Turmhäuser im schottischen Stil.

Klassizistische Stilrichtungen wie der Palladianismus bestimmten ab dem 18. Jh. die irische Repräsentationsarchitektur. Die Vorbilder waren importiert, aber einige irische Baumeister leisteten Bedeutendes, insbesondere in Dublin: Thomas Burgh entwarf die Bibliothek des Trinity College › S. 48, Sir Edward Lovett Pearce das Parliament House. 50 Jahre später gelangten englische Architekten zu Prominenz: James Gandon baute das Custom House › S. 51 und die Four Courts › S. 51;

> **SEITENBLICK**
>
> ### Irische Musik – Überall in den Charts
>
> Freunde irischer Musik und solche, die es noch werden wollen, sollten nach diesen Platten und CDs Ausschau halten:
>
> - **Enya:** Watermark (1988); Shepherd Moons (1991); The Celts (1992); A Day Without Rain (2000); And Winter Came ... (2008).
> - **The Dubliners:** In Concert (1965); Live At The Albert Hall (1969); 15 Years On (1977); Together Again (1979); Live At Vicar Street (2006).
> - **Sinéad O'Connor:** The Lion And The Cobra (1987); I Do Not Want What I Haven't Got (1990); So Far ... The Best Of Sinéad O'Connor (1997); Collaborations (2005); How About I Be Me (And You Be You)? (2012).
> - **Fionn Regan:** The End Of History (2006); The Shadow of an Empire (2010).
> - **Mary Black:** Collected (1984); Babes In The Wood (1991); Wonder Child (1996); Speaking With The Angels (1999), Full Tide (2005).
> - **Thin Lizzy:** Thunder And Lightning (1990); Jailbreak (1996); Whiskey In The Jar (1996).

James Wyatt entwarf mehrere große Landhäuser wie Castle Coole › S. 133. Die anglo-irische Vorherrschaft ließ Mitte des 19. Jhs. den viktorianischen Monumentalismus auf Irland übergreifen: Zahlreiche Banken, Landhäuser und Kirchen wurden in historisierenden Stilrichtungen neu erbaut (St. Finbarre's Cathedral in Cork beispielsweise ist ein verblüffendes neugotisches Gebilde) oder der neuesten Mode entsprechend umgestaltet (aus dem Turmhaus Tullira Castle in Galway entstand um 1880 ein Palais im nachgeahmten Tudorstil).

Der Modernismus des 20. Jhs. hielt in Irland erst spät Einzug (Flughafen Dublin, 1941 von Desmond FitzGerald erbaut), spiegelt sich dann aber in zahllosen modernen Kirchen wider.

Kunstvoll gestaltete Initiale im Book of Kells

SEITENBLICK

Traced by Angels

Die Kelten hatten nicht nur ihre hohen handwerklichen Fähigkeiten in der Schmiedekunst nach Irland mitgebracht, sondern auch ihren eigenen dekorativen Stil. Schmuck, Waffen und Geräte verzierten sie mit komplizierten abstrakten Mustern aus ineinandergeschlungenen Linien. Zwischen dem 7. und 12. Jh. entstanden aus dem reichen dekorativen Schatz keltischen Ursprungs feinste Metall- und Emailkunstwerke.

Herausragend sind auch die wundervollen Buchilluminationen der berühmten Evangeliare: des Book of Durrow (entstanden um 680 und damit wohl die älteste erhaltene Übersetzung der Evangelien in Irland) und des Book of Kells (um 800), die beide in der Trinity College Library in Dublin aufbewahrt werden. Während das in Book of Durrow ungeachtet der kunstvoll ausgeführten Buchmalerei noch vergleichsweise streng und schlicht wirkt, ist das Book of Kells › S. 48 überreich geschmückt.

Anonyme Künstler schufen vielfarbige fantasievolle Fabelwesen, streng blickende Figuren, unzählige, immer neue Ornamente. Die Komplexität der Linienführung erschien den damaligen Zeitgenossen nicht als Menschenwerk, sondern von Engelshand ausgeführt – *traced by angels.*

LAND & LEUTE › SPECIAL › Singing Pubs

SPECIAL
Singing Pubs und Sessions

In einem Winkel ihrer Dorfkneipe in Mayo sitzen drei ältere Männer. Von dort erhebt sich, über dem Stimmengewirr an der Theke erst allmählich erkennbar, eine Melodie mit gälischem Text. Die anderen Gäste verstummen, und als der Gesang endet, wird nicht geklatscht, aber einige der Anwesenden murmeln ein anerkennendes »grand«. Nun beginnt einer der drei Männer auf seiner Flöte zu spielen. Es folgt ein Reel auf der Fiddle, und daraus werden lange Stunden voll Musik.

Die Session (irisch: seisiún)

Eine echte Session kostet weder Eintritt, noch findet sie auf einer Bühne statt. So formlos das auch wirkt, es sind doch bestimmte Regeln einzuhalten: Wer ohne Aufforderung mitklatscht oder gar mitsingt, muss als Mindeststrafe mehr für sein Bier zahlen (Touristenverdacht!). Unwillen ziehen jene auf sich, die in der Pause zur liegen gebliebenen Bodhrán oder Gitarre greifen, um selbst etwas zum Besten zu geben. Wer sich allerdings höflich als kompetenter Musiker vorstellt, wird meist gern in die Runde aufgenommen.

Die Gralshüter

Über die Tradition der irischen Musik wacht Comhaltas Ceoltóirí Éireann (CCÉ), die Vereinigung irischer Musiker. Ihr großes Verdienst ist das unermüdliche Bemühen um die Ausbildung junger Iren in ihrer überlieferten Kultur.

Bild oben: Musik ist in irischen Pubs immer dabei

Sollten Sie unterwegs sehen, dass eine **Comhaltas Session** angekündigt ist, gehen Sie hin! Dort können Sie die besten jungen Tänzer, Sänger und Instrumentalisten der Region erleben.

Die CCÉ informiert über regionale Tanz-, Gesangs- und Instrumentalwettbewerbe sowie über ihr jährliches Festival *Fleadh Cheoil na hÉireann* mit Final-Wettbewerben, Konzerten und Sessions.

■ **Comhaltas Ceoltóirí Éireann**
 32 Belgrave Square
 Monkstown | Co. Dublin
 Tel. 01/280 0295
 www.comhaltas.ie

Bekannte Musikpubs
Dublin
■ **Brazen Head**
 20 Bridge St.
 Tel. 01/ 679 5186
 www.brazenhead.com
■ **Hughes**
 19 Chancery St.,
 Tel. 01/872 6540
■ **O'Donoghue's**
 15 Merrion Row
 Tel. 01/660 7194
 www.odonoghues.ie

Killarney
■ **Buckley's**
 Gehört zum Arbutus Hotel.
 College St. | Tel. 064/31037
 www.arbutuskillarney.com

Galway City
■ **Tigh Neachtain**
 17 Cross St.
 Tel. 091/568 820
 www.tighneachtain.com

■ **Monroe's Tavern**
 Dominick St.
 Tel. 091/583 397
 www.monroes.ie.

Sligo
■ **Fureys Sheela Na Gig**
 Die Besitzer spielen bei »Dervish« mit.
 Bridge St.
 Tel. 071/914 3825

Cork
■ **The Lobby Bar**
 Weltbekannt für gute, nicht immer traditionelle irische Musik.
 Union Quay
 Tel. 021/431 1113

Derry
■ **Dungloe Bar**
 Waterloo St.
 Tel. 028/7126 7716
 www.thedungloebar.com
■ **Peadar O'Donnells**
 63 Waterloo St.
 Tel. 028/7137 2138
 www.peadars-gweedorebar.com

Für Entdeckungen
■ **The Thatch**
 Treffpunkt einheimischer Musiker.
 Ballisodare | Co. Sligo
 (ca. 8 km südlich von Sligo Town)
 Tel. 071/916 7288
■ **Pepper's Bar**
 Sessions jeden Mittwoch.
 Feakle | Co. Clare
 (ca. 35 km nordöstl. von Ennis)
■ **Kelly's Cellars**
 Richtig schlicht, dafür viel Stimmung und viel Musik.
 30/32 Bank St. | Belfast
 Tel. 028/9032 4835

Feste & Veranstaltungen

Januar: TrandFest in Dublin. Das Kulturviertel Temple Bar lädt in der letzten Januarwoche sechs Tage lang zu über 200 kostenlosen Veranstaltungen, zu Musiksessions in die Pubs und zu Konzerten unter freiem Himmel ein, Straßenkünstler, Dudelsackspieler und Geschichtenerzähler geben sich ein winterliches Stelldichein.

März: St. Patrick's Day am 17. März Tag des irischen Schutzpatrons; wird zwar besonders heftig von ausgewanderten Iren im Ausland, aber auch in Irland selbst mit Paraden, Prozessionen und viel Bier gefeiert. **World Irish Dancing Championships** Weltmeisterschaften im irischen Tanz an jährlich wechselnden Austragungsorten.

Mai: Galway Early Music Festival Festspiele alter Musik, deren Veranstaltungen selten auf den Konzertsaal beschränkt bleiben.

Mai/Juni: Belfast Lord Mayor's Festival Großes Kulturfestival in Belfast mit Straßenumzug als Höhepunkt.

Juni: Bloomsday Literary Festival am 16. Juni in Dublin; steht für alle James-Joyce-Fans ganz im Zeichen des Romans »Ulysses«. **Irish Derby The Curragh** Wichtigster Termin der Galoppsportsaison.

Juli: Orangemen's Day am 12. Juli Wichtigster protestantischer Feiertag vor allem in Nordirland mit Paraden in Belfast, Derry und vielen anderen Orten.

August: Dublin Horse Show Wichtigste Veranstaltung im Turniersport. **Puck Fair** in Killorglin: dreitägiger Viehmarkt und Fest, bei dem ein Ziegenbock zum König des Dorfes gekrönt wird. **The Ould Lammas Fair** in Ballycastle; traditioneller Jahrmarkt.

Auf der ganzen Welt das Fest der Iren schlechthin: St. Patrick's Day

Fleadh Ceoil na hÉireann Gesamtirisches Musikfestival an wechselnden Austragungsorten.
September: Matchmaking Festival of Ireland Heiratsmarkt in Lisdoonvarna. **Oyster Festivals** in Clarinbridge und Galway City: Austernfeste mit viel Trubel, nicht nur für Gourmets. **Dublin Theatre Festival** (bis Okt.); Theateraufführungen in allen großen Dubliner Theatern während eines Monats.
Oktober: Wexford Opera Festival Internationale Opernstars zu Gast in Wexford. **Cork Jazz Festival** Regelmäßig Jazz-Größen zu Gast. **Ballinasloe Great October Fair** Größter Pferde- und Viehmarkt Irlands.
Ende Oktober/Anfang November: Das **Belfast Festival** an der Queen's University in Belfast hat sich zu einem der größten Kunst- und Kulturfestivals der Britischen Inseln entwickelt (www.belfastfestival.com).

Essen & Trinken

In größeren Städten finden sich Dutzende von Restaurants, die internationalen Ansprüchen genügen oder Spezialitäten anderer Länder servieren. Die gehobenen Hotels auf dem Land bemühen sich um angemessene Küche, und in jedem Winkel des Landes warten gastronomische Genüsse.

Besucher kommen am engsten in Kontakt mit echt irischer Küche, wenn sie sich in Bed-&-Breakfast-Unterkünften einquartieren oder einen Urlaub auf dem Bauernhof verbringen. Dabei werden sie erfahren können, was immer wieder berichtet wird: Die Iren essen zu viel.

Mit dem Frühstück geht es schon los: Neben den auf den Britischen Inseln üblichen Eiern mit Speck und Würstchen kommen meist *black* und/oder *white pudding* auf den Tisch – gebratene Scheiben einer Blut- bzw. Leberwurst. Dazu gibt es oft selbst gebackenes, krümeliges braunes *soda bread* aus Weizenvollkornmehl, gesalzene Butter und so viel Tee mit Milch, wie man vertragen kann (aber niemand muss in Irland auf Kaffee verzichten).

Viele Pubs und Restaurants, vor allem auf dem Land, servieren richtige Mahlzeiten nur von etwa 12–14 und 18 bis ca. 22 Uhr.

SEITENBLICK

Nationalgericht
Das allbekannte *Irish Stew* ist eigentlich ein Oberbegriff für Dutzende von Rezepten für jenes Gericht, das fast überall in Europa für bäuerliche Kochweise auf einer einzigen Feuerstelle typisch ist: Eintopf aus Fleisch und Gemüse. Im Norden der Insel darf das Stew nur aus Hammelfleisch, Kartoffeln und Zwiebeln bestehen, im Süden gibt man gern Karotten dazu, und Fanatiker aus Tipperary bestehen gar darauf, dass statt Hammel- Rindfleisch in den Topf gehöre.

Gute kulinarische Adressen online:

- www.tasteofireland.com bietet u. a. Adressen und Kurzbesprechungen vieler Restaurants.
- www.tourismresources.ie/pubsofireland empfiehlt irische Pubs mit gutem Essen, Musik etc.
- www.ireland-guide.com stellt Restaurants und Pubs mit guter Küche aus ganz Irland detailliert vor.

Traditionelle Küche

Die traditionelle Küche stützt sich nach wie vor auf Kartoffeln, wenig Gemüse sowie Schweine-, Hammel- oder Rindfleisch. Dabei ist der Fleischkonsum der Iren gar nicht einmal besonders hoch, abgesehen von Würstchen, Schinken und Speck. Viele Rezepte in älteren Kochbüchern (und in modernen Interpretationen der »guten alten Zeit«) beruhen auf Corned Beef, das mit Weißkohl gekocht oder im Winter mit Muskat, Zimt und anderen Gewürzen als *spiced beef* zubereitet wird.

In Irland werden mehr Frischmilch und Milchprodukte verbraucht als sonst irgendwo in der EU. Dagegen kommt pro Kopf nur halb so viel Fisch auf den Tisch wie bei den Spaniern – erstaunlich für eine Insel im Atlantik. Immerhin wird zumindest in der gehobenen Gastronomie die Vielfalt an Meerestieren weidlich genutzt: Austern und Hummer von der Westküste sowie irischer Lachs sind weltbekannt.

Einige lange vernachlässigte Spezialitäten werden heutzutage wieder häufiger angeboten, zum Beispiel *Crubeens* (Schweinshaxe), *Drisheen* (Black Pudding aus Schafsblut), *Barm Brack* (ein süßes Früchtebrot), *Colcannon* (ein traditionelles Fastengericht aus Kohl, Kartoffeln, Milch, Butter und Zwiebeln) und *Carrageen Pudding* (süßer Milchpudding, bei dem die Milch mit Seetang eingedickt wird).

Mehr als Fish'n'Chips

- Ganz kommt man in Irland an Fish and Chips nicht vorbei. Am besten im **Beshoff's**, einem Dubliner Traditionsrestaurant, das sich seit 1913 um seine Gäste kümmert. › S. 55
- Der Pier von Howth liegt so dicht am **King Sitric**, dass man den Fisch eigentlich gleich von dort in die Pfanne werfen könnte. Frische Zutaten und einfallsreiche Köche machen die Beliebtheit dieses Restaurants aus. › S. 56
- **The Ivory Tower** in Cork wurde vom *Observer* als eines der besten Restaurants der britischen Inseln gelobt. › S. 85
- In **Aherne's Seafood Restaurant** in Youghal verarbeitet Chefkoch David Fitzgibbon den Fang des Tages zu hochklassigen traditionellen Gerichten mit kreativem Touch. › S. 89
- Kinsale, nicht weit von Cork, ist als Gourmetstadt in ganz Irland bekannt und das **Man Friday** als *das* Fischrestaurant der Stadt. › S. 90

Irischer Whiskey reift in Eichenfässern

Alkoholisches

Zwei Getränke mehren das Ansehen Irlands in der Welt: Whiskey und Stout. Das legendäre Schwarzbier der Dubliner Guinness-Brauerei ist allgegenwärtig, aber auch die Konkurrenz aus Cork hat es in sich: »Murphy's« ist nicht so stark gehopft und darum weniger bitter, und von »Beamish« sagt man, es schmecke so, wie Guinness früher einmal.

Irlands eigenständige Whiskey-Tradition geht auf die Lizenz von Bushmills aus dem Jahr 1608 zurück. Vom schottischen Whisky unterscheidet sich der irische Whiskey (außer durch das »e«) dadurch, dass er in der Regel drei- statt zweimal destilliert und oft in Brennblasen *(pot stills)* aus ungemälztem Getreide hergestellt wird, was ihn milder macht. Dann hat der Whiskey mindestens fünf Jahre Zeit, um in Eichenfässern zu reifen. In jeder Kneipe der Republik gibt es den köstlichen »Power's«-Whiskey mit seinem hohen Anteil an *pot-still*-Destillat von ungemälzter Gerste.

Als Irland noch als das Armenhaus Europas galt, war vor allem in ländlichen Regionen das Schwarzbrennen von Hochprozentigem weit verbreitet. Aus Kartoffeln stellte ein Großteil der Bevölkerung Poitín her, einen fast farblosen Schnaps. Obwohl seit 1760 verboten, wird der Rachenputzer noch heute – nicht zuletzt aufgrund der hohen Alkoholsteuer – vielerorts privat gebrannt.

Wenn Poitín angeboten wird, sollte man vorsichtig sein. Oft ist der Schnaps (wenn überhaupt) nur stark verdünnt genießbar. Zudem sind immer wieder Warnungen zu hören, schlecht gebrannter Poitín könne blind machen …

Am Giant's Causeway an der Nordküste der Insel

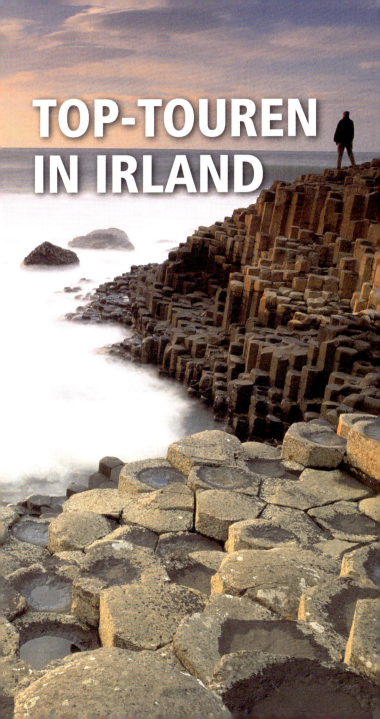

**Dublin

Das Beste!

- Trinity College und das wunderbare Book of Kells › S. 48
- Ein gemütlicher Kneipenbummel in Temple Bar › S. 47
- Die tolle Aussicht vom Pub des Guinness Storehouse › S. 52
- Ein Ausflug nach Howth und Malahide › S. 56

Die Hauptstadt der Republik Irland hat keine einzelnen, alles überragenden Highlights zu bieten, sondern nimmt durch ihre sympathische Mischung aus Großstadtleben, Kulturangeboten, Historie und Erholung für sich ein.

Dublin spielt als Verwaltungs- und Medienzentrum sowie als Magnet für Künstler und Akademiker eine einzigartige Rolle in Irland. Oft ist zu lesen, die Hauptstadt habe mit dem wahren Irland ländlicher Gemütlichkeit nichts gemeinsam. In der Tat ist Dublin kosmopolitischer, aber auch lauter, greller und voller geworden. Doch weist sie weder eine prominente Skyline noch imperiale Boulevards oder eine verwinkelte Altstadt auf.

Etwas aber bietet Dublin von alledem, wobei die Hingucker eher bescheiden verteilt und selten aufdringlich herausgeputzt sind. Bis 1985 wurde alte Bausubstanz oft rücksichtslos abgerissen. Noch in den 1970er-Jahren verschwanden ganze Straßenzüge jener Stadthäuser aus dem 18. Jh., für die Dublin berühmt ist. Glücklicherweise führten Tausendjahrfeier (1988) und Ernennung zur Europäischen Kulturhauptstadt (1991) sowie der Druck von Bürgerinitiativen dazu, dass heute Sanierung und Neubebauung mit mehr Umsicht betrieben werden. Trotzdem verändern große Bauvorhaben Dublin immer noch in rasendem Tempo.

Touren durch die Stadt

 ## Südlich des River Liffey

Tour-Übersicht:

Verlauf: Dublin Castle › Temple Bar › Trinity College › Museen › Merrion Square › St. Stephen's Green › Dublins Kathedralen › Guinness Storehouse

Dauer: 4 Std.

Praktische Hinweise:

- Bis auf das etwas abseits liegende Guinness Storehouse sind alle Sehenswürdigkeiten problemlos zu Fuß zu erreichen. Wer trotzdem fußmüde ist, kann auch den »Hop on Hop off Bus« benutzen.

Tour-Start:

Ein guter Ausgangspunkt für die Erkundung der Stadt ist **Dublin Castle** › S. 47, wo auch Führungen angeboten werden. Von hier sind es nur wenige Schritte nach ****Temple Bar**

Das James-Joyce-Denkmal in der Dubliner Earl Street

› S. 47, dem berühmten Amüsierviertel zwischen der Dame Street und dem Liffey. Einige Straßenzüge östlich von Temple Bar steht einer der Prunkbauten Dublins, das **Trinity College** › S. 48, in dessen Bibliothek das berühmte **Book of Kells** › S. 48 aufbewahrt wird. Architektonisch herausragend ist auch das **Powerscourt Townhouse Centre** › S. 48 mit vielen Cafés und Läden.

Nun könnten einige Museumsbesuche folgen: Im **National Museum of Archaeology and History** › S. 49 lässt sich irische Kulturgeschichte erkunden, während in der **National Gallery** › S. 50 Meisterwerke europäischer Kunst, aber auch wichtige Werke irischer Maler zu sehen sind.

Entspannung und Ruhe bieten anschließend die Dubliner Parks. Der kleine **Merrion Square** östlich der Museen gilt als der schönste Park aus georgianischer Zeit. Von dort führt ein kurzer Abstecher zum **Georgian House Museum** › S. 50. Einige schöne alte Häuser säumen auch den weit größeren Park **St. Stephen's Green** › S. 50.

Von hier ist es nicht weit zur berühmten *St. Patrick's Cathedral* › S. 50 und zur zweiten großen mittelalterlichen Kathedrale Dublins, der *Christ Church Cathedral* › S. 50. Auf dem Weg zum **Guinness Storehouse** › S. 52, wo man die Tour mit einem Glas des köstlichen dunklen Biers ausklingen lässt, durchquert man **The Liberties,** das reizvolle alte Wohnviertel der Arbeiter der Guinnessbrauerei, wo sich eine ganze Reihe von netten Antiquitäten- und Krämläden angesiedelt hat. Im Oktober 2007 riefen die Pläne der Stadtverwaltung, das Viertel zum Sanierungsgebiet zu machen, heftige Einwohnerproteste hervor.

 Nördlich des River Liffey

Tour-Übersicht:

Verlauf: Custom House › O'Connell Street › Dublin City Gallery the Hugh Lane › Dublin Writers Museum › Irish Whiskey Corner › National Museum of Decorative Arts and History

Dauer: 3–4 Std.
Praktische Hinweise:
- Für den Hinweg benötigt man zu Fuß 3–4 Std., für den Rückweg bietet sich die Fahrt mit der Straßenbahn an.

Tour-Start:

Schon von Weitem erblickt man das imposante **Custom House** › S. 51 am Nordufer des Liffey.

Westlich davon beginnt der Prachtboulevard Dublins, die knapp 50 m breite **O'Connell Street** › S. 51, an deren nördlichem Ende, am Parnell Square, sich zwei der Museen auf dieser Tour befinden: die **Dublin City Gallery the Hugh Lane** und das **Dublin Writers Museum** › S. 51.

Auf dem Weg über die Dorset Street nach Süden kommt man an der Henrietta Street mit einstigen

Adelsresidenzen und den **Kings Inns** › S. 51 vorbei.

Ein Anziehungspunkt für Whiskeyliebhaber ist die **Irish Whiskey Corner** › S. 52 in der Bow Street westlich der **Four Courts** › S. 51. Ein Stück weiter am Fluss entlang in Richtung Westen endet der Spaziergang mit einem Besuch des **National Museum of Decorative Arts and History** › S. 51.

Unterwegs in Dublin

Das Zentrum

Dublin Castle Ⓐ

Ein guter Ausgangspunkt für die Erkundung Dublins ist das Schloss (Mo–Sa 10–16.45, So 12–16.45 Uhr, www.dublincastle.ie). Führungen durch Repräsentationsräume und Thronsaal geben Einblick in die Geschichte, wurde doch Irland von hier aus jahrhundertelang regiert.

**Temple Bar

Zwischen Dame Street und Liffey liegt das Viertel Temple Bar. Seine Gassen mit Häusern aus dem 17. bis 19. Jh. wurden lange vernachlässigt, doch seit der Verwaltung auffiel, wie beliebt Temple Bar bei Einheimischen wie Touristen ist, betreibt sie die Verschönerung mit Feuereifer. Heute gehört das Viertel mit seinen rund 200 Kneipen und Restaurants zu den Topzielen der Stadt.. Ein besonderes Juwel ist das **Irish Film Institute** (6 Eustace St., www.ifi.ie): zwei Kinosäle, Archiv, Buchladen und gute Café-Bar. Von Temple Bar aus führt seit 1816 die hübsche Fußgängerbrücke **Ha'penny Bridge** über den Liffey – sie ist ein Wahrzeichen Dublins.

Café-Bar im Irish Film Institute

Trinity College Ⓑ

1592 wurde das Trinity College, die erste Universität Irlands, von Queen Elisabeth I. gegründet. Einen Besuch lohnt allein schon seine Bibliothek, in der neben vielen anderen wertvollen Bänden auch das rund 1200 Jahre alte, prachtvoll illustrierte **Book of Kells** zu besichtigen ist › unten (Bibliothek: Mo–Sa 9.30–17, Mai–Sept. So 9.30–16.30, sonst So 12–16.30 Uhr, www.tcd.ie).

Am Haupteingang (College Green) starten Mo–Fr zwischen 10.15 und 15 und So zwischen 11.30 und 15 Uhr mehrmals pro Stunde knapp 40-minütige **Führungen** samt Besichtigung des Book of Kells.

Shopping

Celtic Note in der Nassau Street (südl. des Trinity College) bietet eine Riesenauswahl an irischer Musik. Außerdem ballen sich hier die Läden, die auf gehobenes irisches Kunstgewerbe spezialisiert sind: **Kilkenny Design Centre, Blarney Woollen Mills, House of Ireland.** Dublins elegantestes Einkaufsviertel ist die Fußgängerzone der Grafton Street z. B. mit dem traditionsreichen Kaufhaus **Brown Thomas** (Nr. 88–95). Auch in den umliegenden Nebenstraßen warten verführerische Geschäfte und Boutiquen.

`Erst-klassig`

SEITENBLICK

❶ **Book of Kells**

Das überreich geschmückte Book of Kells in der Bibliothek des Trinity College gilt als eines der schönsten und kunstvollsten Werke der europäischen Buchmalerei. Einmalig sind seine vielfältigen Illustrationen. Mönche auf der schottischen Insel Iona sollen ihre Arbeit an dem Buch unterbrochen haben, um es vor den einfallenden Wikingern nach Irland in Sicherheit zu bringen. Dort wurde das Evangeliar wahrscheinlich im Kloster Kells vollendet. (Öffnungszeiten und Führungen › oben Trinity College.)

Touren in Dublin

Tour ❹   Südlich des River Liffey

Ⓐ Dublin Castle
Ⓑ Trinity College

Powerscourt Centre

Das Powerscourt Townhouse Centre mit Cafés, Galerien und Designerläden wurde in ein entkerntes Stadthaus des 18. Jhs. hineingebaut (www.powerscourtcentre.com). Nebenan stellt das **Civic Museum** in 58 South William St. Pläne, Skizzen und Aquarelle von Dublin aus.

Die großen Museen

Irische Kulturgeschichte in all ihrer Pracht zeigt das ****National Museum of Archaeology and History** ❻ anhand der berühmtesten keltischen Metallarbeiten. Überaus sehenswert und gut präsentiert sind auch die prähistorischen Goldarbeiten, die Funde aus der Wikingerzeit

- ❻ National Museum of Archaeology and History
- ❼ National Gallery
- ❽ St. Stephen's Green
- ❾ St. Patrick's Cathedral
- ❿ Christ Church Cathedral

Tour ⑤
Nördlich des River Liffey
- ⓗ Custom House
- ⓘ Four Courts
- ⓙ Gallery the Hugh Lane

- ⓚ Dublin Writers Museum
- ⓛ Irish Whiskey Corner
- ⓜ Guinness Storehouse

TOP-TOUREN › Dublin › **Zentrum**

› Karte
S. 48

Markt in der Moore Street

****St. Stephen's Green** **E**

Am Südende der Grafton Street beginnt der 11 ha große Park mit schöner Bebauung rundherum. In den 1960er- und 70er-Jahren wurden mehrere der georgianischen Häuser abgerissen, sodass man nun die modernen Bauten westlich des Parks mit den Imitaten vergangener Eleganz an der Ostseite und den Originalbauten vergleichen kann.

Im Innern des Parks stehen mehrere Statuen berühmter Dubliner, an seinem nordwestlichen Eingang erhebt sich der Triumphbogen **Fuselier's Arch**.

Dublins Kathedralen

Die Anfänge der ***St. Patrick's Cathedral** **F** reichen in das 12. Jh. zurück, doch in der heutigen (gotischen) Form wurde sie 1220–1270 erbaut. Die Kathedrale entstand als katholische Kirche, wurde aber während der *Protestant Ascendancy* im 18. Jh. anglikanisch.

Die zweite große mittelalterliche Kathedrale Dublins ist die heute ebenfalls anglikanische ***Christ Church Cathedral** **G**. Sie wurde zwischen 1173 und 1220 errichtet, dann aber 1875 weitgehend umgebaut; die ursprüngliche Krypta blieb jedoch erhalten.

Informationen über die Geschichte der beiden Kathedralen und die Entstehung der Stadt von der Ankunft der Anglonormannen 1170 bis zur Reformation um 1540 vermittelt gegenüber der Christ Church Cathedral in der Synod Hall die multimediale Ausstellung **Dublinia** (März–Sept tgl. 10–17,

sowie die mittelalterlichen Exponate (Di–Sa 10–17 Uhr, So 14–17 Uhr, Eintritt frei; www.museum.ie).

Die ****National Gallery** **D** hütet neben den üblichen Meisterwerken europäischer Kunst eine Sammlung mit vielen wichtigen Gemälden irischer Maler aus dem 17. bis ins 20. Jh. (Mo–Sa 9.30–17.30, Do bis 20.30 Uhr, So 12–17.30, Fei ab 10 Uhr, Eintritt frei; www.nationalgallery.ie).

Nach umfassender Renovierung zeigt das **National Museum of Natural History** seit Frühjahr 2010 in seinem viktorianischen Gebäude an der Merrion Street wieder die großen Sammlungen irischer und eingeführter Land- und Wasserbewohner (Di–Sa 10–17, So 14–17 Uhr, Eintritt frei; www.museum.ie).

Einen Einblick in die Wohnverhältnisse gegen Ende des 18. Jhs. gibt das **Georgian House Museum** (29 Fitzwilliam St. Lower, Di–Sa 10–17 Uhr, www.esb.ie/no29).

sonst bis 16.30 Uhr, www.dublinia.ie; Führungen schließen die Besichtigung der Kathedrale mit ein).

Nördlich des Liffey

Am Nordufer des Flusses erhebt sich das eindrucksvolle klassizistische **Custom House** (H). Von ihrer Anlage her ist die **O'Connell Street** der Prachtboulevard Dublins, was durch zahlreiche Statuen irischer Patrioten unterstrichen wird, doch macht die Straße einen etwas biederen Eindruck.

Ähnliches gilt auch für die Einkaufsstraßen um Henry Street und Moore Street mit **Dublins größtem Obst- und Gemüsemarkt**. Auf der O'Connell Street ragt das neueste Wahrzeichen der Stadt, die nachts beleuchtete Metallnadel **The Spire** 120 m hoch empor. Am Fuß misst sie 3 m im Querschnitt, an der Spitze nur noch 15 cm.

Ein weiterer interessanter Bau steht an der Henrietta Street: **Kings Inns**. Entworfen wurde er von James Gandon (1743–1823), der auch das Custom House und das Gerichtsgebäude am Inns Quay, die **Four Courts** (I), baute.

Museen

Am Ende der Upper O'Connell Street wurden am **Parnell Square** zwei der schönen Stadthäuser an der Nordseite des Platzes in Museen umgewandelt. Im Charlemont House zeigt die **Dublin City Gallery the Hugh Lane** (J) bedeutende europäische Kunst des 19. und 20. Jhs. sowie neuere irische Werke, u. a. von Michael Farrell und Robert Ballagh; außerdem ist eine originalgetreue Rekonstruktion des Studios von Francis Bacon zu sehen (Di-Do 10–18, Fr, Sa 10–17, So 11–17 Uhr, Eintritt frei, www.hughlane.ie).

Die Nr. 18, einige Häuser weiter, beherbergt das **Dublin Writers Museum** (K) mit Memorabilien berühmter Schriftsteller wie Yeats, Shaw und Beckett, dazu kommen Lesesaal, Buchladen und Café (Mo-Sa 10–17, So 11–17 Uhr; www.writersmuseum.com). Im **National Museum of Decorative Arts and History**, das in

Erstklassig

SEITENBLICK

Auf den Spuren von James Joyce und »Ulysses«

Für literarisch Interessierte ist es faszinierend, den Protagonisten des »Ulysses«, Stephen Daedalus, Leopold und Molly Bloom, durch den 16. Juni 1904 zu folgen. Der im Roman beschriebene Tag im Leben Dublins wird jedes Jahr mit Lesungen, Kostümierung und Besäufnissen als »Bloomsday« gefeiert.

Im Haus 35 North Great St. George's Street östlich des Parnell Square unterhält das **James Joyce Centre** ein kleines Museum und veranstaltet u. a. Rundgänge durch Joyce's Dublin (Tel. 01/878 8547, www.jamesjoyce.ie). Das schön gelegene **James Joyce Museum** im Joyce Tower, Sandycove bei Dun Laoghaire, steckt voller Memorabilien (Mo-Sa 10–17, So 12–17 Uhr, S-Bahn DART, Busse Nr. 7 u. 7 A Dublin–Dun Laoghaire, dann Bus Nr. 59).

den Anfang des 18. Jhs. erbauten Collins Barracks untergebracht ist, wird v. a. die militärische Geschichte der letzten Jahrhunderte beleuchtet (Benburb St., Di–Sa 10–17, So 14–17 Uhr, www.museum.ie).

Wer mehr über das Leben der berühmten Literaten erfahren möchte, sollte sich nach dem **Literary Pub Crawl** erkundigen. Zwei Schauspieler führen von Kneipe zu Kneipe, rezitieren, singen und erzählen Anekdoten aus dem Leben berühmter Iren (April–Okt. tgl., Nov.–März Do bis So um 19.30 Uhr im »Duke's«, Duke Street, Tel. 01/670 5602; Tickets im Duke's ab 19 Uhr, bei Dublin Tourism › S. 53 und unter www.dublinpubcrawl.com).

Whiskey und Guinness

In der Bow Street westlich der Four Courts wurde in der Lagerhalle einer ehemaligen Brennerei die **Irish Whiskey Corner** ⓛ eingerichtet, ein Besucherzentrum und Museum des größten irischen Whiskeyherstellers samt Laden. Nach der Führung gibt es natürlich eine Kostprobe des Lebenswassers.

Wer auf dem Arran/Ellis Quay noch ein Stück am Fluss entlanggeht und ihn dann auf der Rory O'More Bridge überquert, sieht vor sich schon die Guinness-Brauerei. Das Besucherzentrum **Guinness Storehouse** Ⓜ informiert über die lange Geschichte des erfolgreichen Unternehmens und führt multimedial den Herstellungsprozess vor. Ein Glas der Hausmarke ist im Eintrittspreis enthalten (tgl. 9.30–17, Juli/Aug. bis 19 Uhr; Eintritt 16,50 €, bei Onlinekauf 10 % Rabatt; www.guinness-storehouse.com).

Außerhalb des Zentrums

*National Botanic Gardens

Im nördlichen Vorort Glasnevin (Dublin 9) bieten die ab 1795 angelegten großzügigen Gärten mit ihrer Pflanzenvielfalt und wunderbaren Gewächshäusern aus dem 19. Jh. Gelegenheit, sich ein paar Stunden

---

Erst-klassig

Die urigsten Pubs

- In Dublin gibt es an jeder Ecke einen Pub, **The Stag's Head** ist einer der schönsten und herrlich nostalgisch. › S. 56
- **Brazen Head:** Nicht nur der älteste Pub Dublins, sondern ganz Irlands. › S. 37
- Im **O'Donoghue's** hat die legendäre Band The Dubliners ihre Karriere begonnen. Auch heute gibt es dort noch regelmäßige Livesessions. › S. 55/37
- In der **Lobby Bar** in Cork wird nicht nur gerne getrunken – landesweit bekannt ist dieser Pub für das hohe Niveau der Livemusik. › S. 85
- Das Dorf Doolin nahe den Cliffs of Moher ist eines der Zentren irischer Volksmusik, und die dortigen Pubs sind wegen ihrer allabendlichen Livemusik legendär. Am namhaftesten ist das 1932 eröffnete **O'Connor's**. › S. 105

Der Pub O'Donoghue's in Dublin

Ruhe im Grünen zu gönnen (März bis Okt. Mo-Fr 9–17, Sa, So 10–18, Nov.–Feb. nur bis 16.30 Uhr; Buslinien Nr. 4, 13, 19 und 83; Tel. 01/804 0300, www.botanicgardens.ie).

Phoenix Park

Wer stadtmüde ist, gönnt sich einen Ausflug zum Phoenix Park, mit mehr als 800 ha der größte eingezäunte Park Europas. Der Zaun ist nötig, um die rund 300 Hirsche im Gelände zu halten.

Einst königliches Jagdrevier, ist der Park heute ein beliebtes Ausflugsziel der Dubliner. Zu sehen gibt es die Residenz des Staatspräsidenten und den **Zoo**. Den Picknickkorb nicht vergessen! (Dublin 8, Tel. 01/820 5800, Eintritt frei.)

Info

Dublin Tourism
- Suffolk St.
- Dublin 2
- Tel. 01/605 7700
- www.visitdublin.com
- Mo–Sa 9–17.30, So, Fei 10.30–15 Uhr; Infos, Pläne und Stadtführer (auch deutsch).

Weitere Tourist Information Offices:
- 14 Upper O'Connell St., Dublin 1
- im Flughafen
- am Fährterminal in Dun Laoghaire.

Verkehrsmittel

- **Flughafen:** Dublin Airport 10 km nördlich (www.dublin-airport.com); Airlink und Aircoach Service direkt in kurzen Abständen von/nach Dublin City Centre zum Bahn- bzw. Busbahnhof; die regulären Buslinien sind aller-

SEITENBLICK

Spartipp

Der **Dublin Pass**, erhältlich für 1, 2, 3 oder 6 Tage, gewährt freien Eintritt zu mehr als 30 Sehenswürdigkeiten sowie weitere Ermäßigungen.
- www.dublinpass.ie

TOP-TOUREN › Dublin › **Tipps** › Karte S. 48

dings billiger (Tel. 01/873 4222; www.dublinbus.ie).
- **Bahnhöfe:** Connolly Station, Amiens St.: Züge nach Norden/Nordwesten (Belfast, Sligo). Heuston Station, Kingsbridge: Züge nach Westen/Süden (Galway, Cork). Fahrplaninfo Tel. 1850 366 222; www.irishrail.ie.
- Die **S-Bahn DART** (Dublin Area Rapid Transit; www.dublin.ie/transport/dart.htm) verbindet die Dubliner Innenstadt mit den Küstenvororten.
- **Straßenbahn:** Red Line (Connolly–Tallaght) und Green Line (St. Stephen's Green–Sandyford); Infos: Luas, Tel. 1800/300604, www.luas.ie.
- **Stadtbusse:** Dublin Bus/Bus Atha Cliath, 59 O'Connell St., Tel. 01/873 4222, www.dublinbus.ie (Fahrpläne, Tages- u. Wochenkarten); dichtes Nahverkehrsnetz, die Zielangabe *An Lár* bedeutet Stadtzentrum.
- **Fernbusse:** Der Busbahnhof Busaras liegt in der Store St. hinter dem Custom House (Bus Éireann, Fahrplaninfo: Tel. 01/836 6111, www.bus eireann.ie).

Hotels

Hotelübersicht nach Stadtvierteln mit Buchungsmöglichkeit unter http://dublin.city-centre-hotels.com.

Clarence ●●●
Stilvoll-modernes Boutiquehotel mit 49 individuell gestalteten Zimmern für Promis und Gutbetuchte, im Besitz der irischen Rockband U2.
- 6–8 Wellington Quay | Dublin 2
- Tel. 01/407 0800
- www.theclarence.ie

Staunton's on the Green ●●–●●●
Elegantes Guesthouse von 1750 mit eigenem Garten.
- 83 St. Stephen's Green | Dublin 2
- Tel. 01/478 2300
- www.stauntonsonthegreen.ie

Grafton House ●●
Freundliches B & B nahe der City Hall mit gut ausgestatteten Zimmern.
- 26–27 South Great George's St.
- Dublin 2 | Tel. 01/648 0025
- www.graftonguesthouse.com

SEITENBLICK

Nicht nur U2

Nach Dublin pilgern nicht nur Freunde der Folkmusik, die Stadt ist auch eine der großen Pop- und Rockmetropolen Europas. Natürlich sind in Irland schon immer Gruppen gebildet, verschlissen und aufgelöst worden, aber erst mit dem Riesenerfolg von U2 wurde Dublin im Bewusstsein der Weltpresse zum Phänomen. Dazu haben U2 selbst nicht unerheblich beigetragen, indem sie immer wieder stolz auf ihre Herkunft verwiesen, das Zentrum ihres Konzerns (Plattenlabel, Aufnahmestudios, Immobilien etc.) in der Stadt ansiedelten und gezielt Dubliner Bands förderten. Wer sich für die Szene interessiert, sollte sich ein Stadtmagazin oder die Musikzeitschrift »Hot Press« besorgen und nach Gigs von einheimischen Gruppen schauen. Tanzmusik und Techno haben sich in Dublin etwas verspätet, aber dafür umso heftiger etabliert. Die Clubszene wechselt ständig (aktuelle Infos im Internet, z. B. unter www.visitdublin.com oder www.hotpress.com/whatson).

The Townhouse ●–●●
Vielfach empfohlenes, sehr gepflegtes Guesthouse nördlich des River Liffey.
- 47–48 Lower Gardiner St. | Dublin 1
- Tel. 01/878 8808
- www.townhouseofdublin.com

Clifden House ●
Renoviertes georgianisches Guesthouse, 15 Zimmer (nur Nichtraucher), offener Kamin im Aufenthaltsraum.
- 32 Gardiner Pl. | Dublin 1
- Tel. 01/874 6364
- www.clifdenhouse.com

Restaurants

Thornton's Restaurant ●●●
Mit Michelin-Stern ausgezeichnete inspirierte Küche; Ausblick auf St. Stephen's Green. Geöffnet Di–Sa ab 18 Uhr
- 128 St. Stephen's Green
- Dublin 2
- Tel. 01/478 7008
- www.thorntonsrestaurant.com

Elephant & Castle ●●
Perfektes Frühstück, wirklich große Salate, Hamburger und Sandwiches sowie Grillgerichte. Sa und So Brunch.
- 18 Temple Bar | Dublin 2
- Tel. 01/679 3687
- www.elephantandcastle.ie

Beshoff's ●
Erst- klassig Tradition in der dritten Generation seit 1913, erstklassige Fish'n'Chips.
- 6 Upper O'Connell St. | Dublin 1
- Tel. 01/872 4400
- www.beshoffrestaurant.com

Blazing Salads ●
Gefällt mit einfallsreicher vegetarischer Küche. So geschl.

Abends im Ausgehviertel Temple Bar

- 42 Drury St. | Dublin 2
- Tel. 01/671 9552
- www.blazingsalads.com

Café Leon ●
Nettes Lokal mit französischem Flair. Gute kleine Gerichte und Suppen.
- 17 Wicklow St. | Dublin 2
- Tel. 01/670 7138

Pubs

Davy Byrne's ●●
In »Ulysses« wird geschildert, wie Leopold Bloom hier einkehrt; heute relativ teuer, aber mit anständigem Essen.
- 21 Duke St. | Dublin 2
- Tel. 01/677/5217
- www.davybyrnes.com

O'Donoghue's ●●
Legendär! Dublins berühmtester Folkmusik-Pub mit regelmäßigen Livesessions. Auch Zimmervermietung. *Erst-klassig*
- 15 Merrion Row | Dublin 2
- Tel. 01/660 7194
- www.odonoghues.ie

TOP-TOUREN › Dublin › **Ausflüge ab Dublin**

› Karte S. 48

The Stag's Head ●-●●

Schön und alt, freundliche Atmosphäre, gutes Essen, kurzum: eine wahre Freude.
- 1 Dame Court Dublin 2
- Tel. 01/679 3701
- www.thestagshead.ie

Mulligan's

Zapft angeblich **das beste Guinness der Welt.**
- 8 Poolbeg St. | Dublin 2
- Tel. 01/6775582
- www.mulligans.ie

Ausflüge ab Dublin

Howth

Noch bevor man Howth, die nördliche Endstation der Dubliner Vorortbahn DART, erreicht hat, ziehen einen die Rhododendren in den Gärten von Howth Castle in den Bann (das Schloss selbst ist nicht zugänglich). Das hübsche Städtchen mit seinen steil zum Wasser hin abfallenden Straßen macht einen wohlhabenden Eindruck: Im einstigen Fährhafen liegen nun die Jachten und Segelboote der Großstädter. Aber von hier läuft immer noch die größte Fischereiflotte Irlands aus. Wer gut zu Fuß ist, kann die gesamte Halbinsel in 2–3 Std. umrunden, ein Teil des Wegs verläuft oberhalb der Steilküste und bietet **spektakuläre Ausblicke.**

Bei einem Bootsausflug zur Howth vorgelagerten Vogelinsel **Ireland's Eye** wird man an einem Martello Tower an Land gesetzt. Diese runden Küstenforts aus dem frühen 19. Jh., als das britische Empire eine Invasion Napoleons fürchtete, sind an der irischen Ostküste häufig zu finden.

Bis auf die Ruine eines frühchristlichen Klosters (6. Jh.) ist dies das einzige Bauwerk auf dem Inselchen, das ansonsten großen Kolonien von Lummen, Tordalken, Eissturmvögeln, Kormoranen und Möwen vorbehalten ist.

Restaurant

King Sitric ●●●

Die **perfekten Fischgerichte** locken sogar Gäste aus Dublin hierher. Auch Gästezimmer. Restaurant Mi–Sa nur abends, So 13–17, Cafe-Bar tgl. ab 10.30 Uhr.
- East Pier
- Tel. 01/ 832 5235
- www.kingsitric.ie

Malahide Castle

Von Dublin in Richtung Norden kommt man entlang der Küste zum Malahide Castle, das knapp 800 Jahre lang Sitz der Adelsfamilie Talbot de Malahide war. Nach dem Tod des letzten Lord Talbot übernahm das Dublin County Council das Schloss und zeigt dort heute eine Kollektion von Porträts aus den Sammlungen der National Gallery, z. B. Werke von Hogarth, Lely, Romney und van Dyck. In dem vor 50 Jahren angelegten, über 8 ha großen **Botanischen Garten** gedeihen exotische Pflanzen aus Südamerika und Australasien (ganzjährig tgl. 9.30 bis 16.30 Uhr; www.malahidecastleandgardens.ie).

Über Kloster Clonmacnoise liegt noch heute ein besonderer Zauber

Zentrum & Ostküste

Das Beste!

- **Der magische Moment** beim Betreten der Grabkammer von Newgrange › S. 63
- **Ein Spaziergang** durch die Gärten von Powerscourt Estate › S. 66
- **Ein Ausflug** in die Wicklow Mountains › S. 66
- **Clonmacnoise,** das einstige Zentrum der Kelten › S. 75
- **Wandeln auf den Spuren** der Mönche im Kloster von Glendalough › S. 67

TOP-TOUREN › Zentrum & Ostküste › ⑥ **Südlich von Dublin**

› Karte
S. 59

Grünes Bauernland, Klosterruinen und Megalithgräber ergeben ein echt irisches Kaleidoskop. Die Wicklow Mountains laden zum Wandern ein, der Shannon-Fluss zu Bootsausflügen und der Boyne zum Lachsfischen.

Die Midlands sind die Wiege der keltischen und irischen Geschichte. In dieser eher undramatischen Landschaft mit Farmen, Hügeln und Torfmooren befinden sich einige der bedeutendsten Kulturdenkmäler des Landes. Eindrucksvolle Megalithgräber wie Newgrange und das frühchristliche Zentrum Irlands, Clonmacnoise, sind Höhepunkte jeder Irlandreise. Auch zu eigenen Aktivitäten wird man angeregt: zum Lachsfischen im Boyne, zu Bootsauflügen auf dem Shannon, zum Reiten oder zum Golfspielen. Konkurrenzlos für Wanderer sind die Wicklow Mountains nahe der Ostküste.

Touren in der Region

Sehenswertes südlich von Dublin

Tour 6

Tour-Übersicht:

Verlauf: Dublin › Dalkey › Powerscourt Estate › Wicklow Mountains › Glendalough › Dublin

Dauer: 1 Tag

Praktische Hinweise:

- Am Wochenende sind die Straßen aus Dublin heraus oft voll. Auch die Wicklow Mountains sind dann stark frequentiert, deshalb besser auf die Wochenmitte ausweichen.

Tour-Start:

Verlässt man Dublin Richtung Süden, passiert man das Küstenstädtchen **Dalkey,** das einst Hafen für Schiffe nach England war. Im nahen **Sandycove** können James-Joyce-Fans das Museum im Martello Tower besuchen oder im Forty Foot Pool ein Bad nehmen. Hier treffen sich das ganze Jahr über Abgehärtete und vergnügen sich für einige Minuten im eiskalten Wasser. Bevor es in die Wicklow Mountains geht, ist ein Besuch von ****Powerscourt Estate** › S. 66 Pflicht. Das stattliche Herrenhaus und die weitläufige Parkanlage lohnen einen längeren Aufenthalt. Mit guter Küche und famoser Aussicht lockt das Powerscourt Terrace Café. Nun fährt man ein gutes Stück durch die ****Wicklow Mountains** › S. 66, die selbst Autotouristen zu kurzen Wanderungen animieren. Wer Zeit hat, kann hier eine ganze Woche lang auf dem **Wicklow Way,** Irlands längster Wanderroute, unterwegs

6 7 8 ‹ Zentrum & Ostküste ‹ TOP-TOUREN

Touren im Zentrum und an der Ostküste

Tour 6 Sehenswertes südlich von Dublin
Dublin › Dalkey › Powerscourt Estate › Wicklow Mountains › Glendalough › Dublin

Tour 7 Von Dublin nach Norden
Dublin › Hill of Tara › Newgrange › Schlachtfeld am Fluss Boyne › Monasterboice › Malahide Castle › Howth › Dublin

Tour 8 Rund um Athlone
Athlone › Clonmacnoise › Tullamore › Charleville Castle › Athlone

sein. Ein weiterer Höhepunkt ist der Besuch des frühchristlichen Klosters **Glendalough › S. 67, bevor es auf den engen und kurvigen Straßen des County Wicklow wieder zurück nach Dublin geht.

Von Dublin nach Norden

Tour-Übersicht:

Verlauf: Dublin › Hill of Tara › Newgrange › Schlachtfeld am Fluss Boyne › Monasterboice › Malahide Castle › Howth › Dublin

Dauer: 1 Tag
Praktische Hinweise:
- Diese Tour kann man problemlos mit der vorherigen zu einer Zweitagestour kombinieren.

Tour-Start:

Auch diese Tour beginnt im üblichen dichten Autoverkehr Dublins, der sich noch ein gutes Stück in Richtung Norden fortsetzt. Doch schon bevor man das erste Ziel, den Hill of Tara, erreicht, wird es auf den Straßen deutlich ruhiger. Die gesamte Tour führt zu höchst unterschiedlichen Schauplätzen, die aber alle wichtigen Momente der langen irischen Geschichte beleuchten.

Der *Hill of Tara › S. 64, heute ein eher unscheinbarer Hügel, soll einst der Sitz der irischen Hochkönige gewesen sein.

Das nächste Ziel, ***Newgrange › S. 63, ist älter als die Pyramiden von Gizeh oder Stonehenge und besteht aus einem Grabhügel von beeindruckender Größe. Im Inneren erwartet die Besucher eine mystische Grabkammer.

Auf dem **Schlachtfeld am Fluss Boyne › S. 62** fand im Jahr 1690 die Battle of the Boyne statt, die für die Iren auch heute noch von großer Bedeutung ist. *Monasterboice › S. 61, eine Klosteranlage aus dem 5. oder 6 Jh., liegt zwar großteils in Ruinen, doch der Rundturm und v. a. die Hochkreuze lohnen den Besuch allemal.

Auf Ausflüger aus Dublin trifft man beim **Malahide Castle › S. 56**, einem Schloss wie aus dem Bilderbuch samt einem üppig blühenden botanischen Garten.

Nach so viel geballter Geschichte bietet **Howth › S. 56** pure Entspannung, vor allem bei einem Spaziergang auf dem Klippenweg. Fischliebhaber kehren danach direkt am Pier in das hochgelobte Restaurant **King Sitric › S. 56** ein, bevor es zurück nach Dublin geht.

Rund um Athlone

Tour-Übersicht:

Verlauf: Athlone › Clonmacnoise › Tullamore › Charleville Castle › Athlone

Dauer: 1 Tag
Praktische Hinweise:
- Wer noch Zeit hat, kann diese Tour um eine Bootsfahrt auf dem Shannon ergänzen › S. 73.

Tour-Start:

Athlone › S. 72, ein typischer Ort im Herzen Irlands, ist ein eher untergeordnetes Touristenziel, es sei denn, man möchte sich als Freizeitkapitän betätigen. Denn die Stadt breitet sich zu beiden Seiten des Shannon aus und bietet dadurch vielfältige Möglichkeiten für Bootsausflüge.

Südlich von Athlone wartet dann am Ufer des Shannon die erste wirkliche Sehenswürdigkeit: die Reste des Klosters ****Clonmacnoise** › S. 75. Die von einer Mauer umgebene Anlage ist auch heute noch in einem erstaunlich guten Zustand. So muss man nur wenig Fantasie aufbringen, um sich vorzustellen, wie Mönche aus ganz Europa einst hierher kamen, um unter Gleichgesinnten zu studieren und ihren Glauben zu praktizieren.

Whiskeyliebhaber werden sich auf das nächste Ziel, **Tullamore** › S. 76, ganz besonders freuen, denn aus dem gleichnamigen Ort stammt der bekannte »Tullamore Dew«. Eine Führung durch die Brennerei aus dem 18. Jh. ist aber nicht nur für Whiskeykenner ein Erlebnis.

Auf der Rückfahrt nach Athlone führt ein kurzer Abstecher westlich von Tullamore zum **Charleville Castle** › S. 76, das man mit Fug und Recht als Märchenschloss bezeichnen kann.

Unterwegs in der Region

*Monasterboice 1

Acker- und Weideland umgeben die Reste des einst bedeutenden Klosters Monasterboice: Friedhof, zwei Kirchenruinen, ein über 30 m hoher Rundturm und drei Hochkreuze, von denen vor allem **Muirdach's Cross** zu den herausragenden Beispielen keltischer Kunst zählt (von Sonnenauf- bis Sonnenuntergang, Eintritt frei).

Drogheda 2

Die Stadt liegt zu beiden Seiten des Flusses Boyne, 5 km landeinwärts von seiner Mündung in die Irische See. Malerisch ist der Stadtkern mit schmalen Straßen und verwinkelten Gassen aus dem Mittelalter. Zahlreiche Restaurants und noch mehr Pubs mit regelmäßigen Liveevents

Einst besaß Drogheda 3 km lange Stadtmauern mit elf Stadttoren

TOP-TOUREN › Zentrum & Ostküste › **Schlachtfeld am Fluss Boyne**

› Karte S. 59

lassen abends keine Langeweile aufkommen. Vor allem das hübsche Viertel um West Street und Lawrence Street mit dem mächtigen **St. Laurence Gate** (13. Jh.) nördlich des Boyne lohnt einen Besuch.

Südlich des Flusses erhebt sich der **Millmount,** der möglicherweise als prähistorischer Grabhügel entstanden ist. Vom Martello-Turm hat man einen guten Blick über die Stadt. Neben mehreren Kunstgewerbeläden und einem Restaurant befindet sich auf dem Kasernengelände auch ein Museum, das Ausstellungen zur turbulenten Stadtgeschichte zeigt. Auch Oliver Cromwells Belagerung von Drogheda und die Boyne-Schlacht werden erläutert (Mo–Sa 10–17.30 Uhr, So 14–17 Uhr, www.millmount.net).

Südlich von Drogheda lockt das Küstenstädtchen **Laytown** Golfer wie Windsurfer an.

Naturfreunde zieht es dagegen zum **Sonairte National Ecology Centre,** dem nationalen Ökologiezentrum am Flussufer mit Bauernmärkten, Ausstellungen, Biogarten und Café (The Ninch, Laytown, Tel. 041/982 7572, www.sonairte.org; Mi–So 10.30–17 Uhr).

Zwischen Laytown und Bettystown an der Straße nach Drogheda werden im Juli und August am Strand offizielle Pferderennen ausgetragen.

Info

Tourist Information Office
- West Street
- Tel. 041/987 2843
- www.drogheda.ie

Pub

C Ní Cairbre
Ein Pub wie aus dem Bilderbuch, seit über 100 Jahren in Familienbesitz. Fast jeden Abend eine Session.
- Carberry's
- North Strand
- Tel. 041/984 7569

Faszinierende Hochkreuze

- **Monasterboice:** Ein besonders schönes und ausdrucksstarkes Bildprogramm ziert das 5 m hohe Muirdach's Cross. › S. 61
- **Kells:** Um den Rundturm des ehemaligen Klosters gruppieren sich mehrere Hochkreuze mit biblischen Szenen. › S. 65
- **Glendalough:** St. Kevin's Cross ist zwar ein typisches Hochkreuz, allerdings ohne Ornamente. Wahrscheinlich war es ursprünglich bemalt, und im Lauf der Zeit ist die Farbe ausgeblichen. › S. 67
- **Clonmacnoise:** In der Klosteranlage am Shannon erzählt das Cross of the Scriptures wohl von der Gründung der Anlage. › S. 75
- **Ardboe:** Das im 10. Jh. aus Sandstein gemeißelte Hochkreuz ist mit 22 Szenen aus der Bibel geschmückt. › S. 128

Schlachtfeld am Fluss Boyne

An der Straße nach Slane (N 51) kommt man etwa 8 km westlich von Drogheda am Schauplatz der

Newgrange und Knowth ‹ Zentrum & Ostküste ‹ TOP-TOUREN

Der mächtige prähistorische Grabhügel von Newgrange im Tal des Boyne

Schlacht am Boyne vorbei. Die Stelle ist heute als Oldbridge bekannt, denn beim Schlachtfeld, das vom abgebrochenen Stumpf eines Obelisken markiert wird, führt eine Brücke über den Fluss. (Visitor Centre März und April tgl. 9.30 bis 17.30, Mai–Sept. 10–18, Okt.–Feb. 9–17 Uhr.)

Der Hintergrund: Englands im Jahr 1688 vertriebener katholischer Ex-König Jakob II. war nach Frankreich geflüchtet und dann mit einer Armee in Irland gelandet. Er hoffte, ein wiedererstarktes katholisches Irland als Machtbasis zur Rückeroberung seines Throns nutzen zu können. Anfang Juli 1690 trat ihm sein Nachfolger in London, Wilhelm III. von Oranien, mit seinem Heer am Boyne entgegen und zwang ihn nach wechselhaftem Verlauf der Schlacht zur Flucht. *The Battle of the Boyne* hat für die Protestanten von Nordirland Symbolcharakter: Der Jahrestag wird alljährlich mit Aufmärschen und patriotischen Reden des nach dem Hause Oranien benannten »Orange Order« begangen.

***Newgrange und Knowth 4

In einer Biegung des Flusses Boyne liegt die beeindruckendste prähistorische Grabanlage Irlands. **Brú na Bóinne** heißt »Palast am Boyne«: Unter diesem Namen ist die Ansammlung von über 5000 Jahre alten Gräbern seit keltischer Zeit bekannt. Der Zugang ist nur über das **Brú na Bóinne Visitor Centre** gestattet, von dem aus Führungen veranstaltet werden (Tel. 041/ 988 0300, März, April, Okt. tgl. 9.30–17.30, Mai, Mitte–Ende Sept. 9–18.30, Juni–Mitte Sept. 9–19, Nov.–Jan. 9–17 Uhr; www.heritage ireland.ie). Vor allem im Sommer sollte man genügend Zeit für die Besichtigung einplanen, denn der Andrang ist groß und die Kapazität begrenzt. Der Rundgang durch das interaktive Besucherzentrum dauert rund eine Stunde, für die Grabkammer sind weitere zwei Stunden das Minimum.

Archäologen sind dabei, **Knowth** eingehender zu erforschen, weshalb nur ein Teil des Areals zugänglich ist. Man vermutet, die Anlage sei noch 500 Jahre älter und um einiges komplexer als Newgrange.

*Hill of Tara und Dunsany Castle 5

Der Hill of Tara, heute ein eher unscheinbarer Hügel, ist ein mystischer Ort voller Legenden. Einst sollen hier die Druiden ihren Zaubertrank gebraut haben, später, noch vor der Einführung des Christentums, soll sich auf dieser Anhöhe der Palast der Hochkönige von

SEITENBLICK
Älter als Stonehenge

Der Grabhügel von Newgrange gehört zu einer Gruppe von mindestens 28, möglicherweise bis zu 40 Ganggräbern im Tal des Boyne und ist Teil des Unesco-Weltkulturerbes. Newgrange stammt aus der Zeit um 3100 v. Chr., ist also älter als Stonehenge oder die Pyramiden von Gizeh und eines der bedeutendsten Steinzeitmonumente Europas. Der Steinhügel ist nicht rund, sondern eher birnenförmig und hat einen Durchmesser von 80 bis 90 m und eine Höhe von 13,5 m. 16 m vom Außenrand entfernt, der von 97 Steinplatten eingerahmt wird, befand sich ursprünglich ein Kreis von 38 bis zu 2,5 m hohen Menhiren, von denen zwölf noch erhalten sind. Im Innern des Grabes verläuft ein 19 m langer Gang, 1 m breit und bis zu 2 m hoch. Über der Grabkammer wölbt sich eine in der Mitte fast 6 m hohe Decke aus Megalithplatten, die so perfekt zusammengefügt sind, dass bis heute kein Wasser einsickert. Drei Seitenkammern buchten die Hauptkammer kreuzförmig aus, und in jeder fand man einen ausgehöhlten Beckenstein mit Knochenresten. Die meisten Steine des Grabes sind mit abstrakten Motiven wie Doppelspiralen, Rauten und konzentrischen Halbkreisen reich verziert.

Rätselhaft war jahrhundertelang die Funktion des Steins über dem Eingang, der einen etwa 20 cm breiten Schlitz aufweist. Erst 1969 ergaben archäologische Untersuchungen, dass die ersten Strahlen der Morgensonne an den Tagen um die Wintersonnenwende (21. Dez.) durch diese Öffnung den ganzen Gang bis in die Kammer erleuchten.

Trim Castle, Kells ‹ Zentrum & Ostküste ‹ TOP-TOUREN

Irland befunden haben. Tatsächlich liegen rund um den Hügel unter der Grasnarbe die Reste von eisenzeitlichen Forts mit Erdwällen. Vom Hügel aus bietet sich ein schöner Blick auf die Umgebung; von der glorreichen Vergangenheit wird indes nur wenig offenbar. Man muss sich auf die Erklärungen verlassen, die die Führungen vermitteln (Mitte Mai–Mitte Sept. tgl. 10–18 Uhr, letzter Einlass 1 Std. früher).

Vom Besucherzentrum, ehemals eine protestantische Kirche, wird man zu Erdwällen und Gräben geleitet, die Namen wie Ráth Na Ríogh (Wall der Könige), Dumha Na nGiall (Grab der Geiseln) oder Teach Cormaic (Haus des Cormac) tragen.

Südlich des Hill of Tara liegt **Dunsany Castle**, dessen ältester Teil auf das Jahr 1180 zurückgeht (Mai bis Sept. tgl. 10–16.30 Uhr, weitere Öffnungstage bitte erfragen unter Tel. 046/902 5169, www.dunsany.com). Seit dem 15. Jh. residieren hier die Lords Dunsany. Einen Teil des Dienstbotentrakts nutzt eine Edelboutique, wo man die hochpreisigen Artikel der Dunsany Home Collection erwerben kann.

*Trim Castle 6

Das schöne Städtchen Trim am Fluss Boyne wurde in normannischer Zeit als Festung gegründet. Damals entstand auch Trim Castle in spektakulärer Lage direkt am Fluss. Es ist eine der **größten mittelalterlichen Burgen Irlands** und diente bereits mehrfach als Filmkulisse (Feb.–Mitte März und Okt. 9.30–17.30, Mitte März–Ende Sept. 10–18, Nov–Jan nur Sa/So 9 bis 17 Uhr; www.heritageireland.ie).

*Kells 7

Mit der Gründung eines Klosters bei Kells um 550 schuf der spätere Schottenmissionar Columban eine der Wiegen des irischen Christentums. Hier soll das berühmte Evangeliar entstanden sein, das als Book of Kells bekannt wurde und heute im Trinity College von Dublin zu bewundern ist › **S. 48**. Im Friedhof der unbedeutenden protestantischen Kirche ragt ein etwa 30 m hoher Rundturm auf, der dokumentarischen Belegen zufolge vor 1076 als Teil des Klosters entstanden sein muss. Ihn umgeben mehrere keltische Hochkreuze, von denen das größte, **über 3 m hoch und mit biblischen Szenen verziert**, am besten erhalten ist.

Restaurant

The Ground Floor ●●
Moderne Kunst und modern-leichte Küche zeichnen das sympathische Lokal aus. Internationale Weinkarte.
Tgl. ab 17.30 Uhr.
▎ Bective Square
▎ Tel. 046/924 9688

Pub

O'Shaughnessy's ●
Gemütlicher alter Pub, der auch Essen serviert und Fr/Sa traditionelle Musiksessions bietet.
▎ 11 Market St.
▎ Tel. 046/924 1110

Powerscourt Estate 8

Die Geschichte des weitläufigen Anwesens reicht bis ins 14. Jh. zurück. Das imposante Herrenhaus entstand im 18. Jh., wurde allerdings bis ins 19. Jh. immer wieder umgebaut. Fast noch schöner sind die Gartenanlagen mit ihren Terrassen, Skulpturen und dem alten Baumbestand. (tgl. 9.30–17.30 Uhr, im Winter bis Einbruch der Dunkelheit, Tel. 01/204 6000; www.powerscourt.ie).

Erst-klassig
Das Powerscourt Terrace Café ist wegen seines einmaligen Ausblicks und der exzellenten Küche weitherum bekannt (geöffnet tgl. 9.30 bis 17 Uhr, Tel. 01/204 6070, ●–●●).

Eine rund 7 km lange Wanderung führt zum **Powerscourt-Wasserfall**, mit 130 m immerhin der höchste Wasserfall Irlands. **Erst-klassig**

Auch das nahegelegene Dorf **Enniskerry** lohnt wegen seiner gemütlichen Cafés und interessanten Galerien einen Besuch.

Russborough House 9

Dies ist eines der reizvollsten und besterhaltenen palladianischen Anwesen Irlands. Russborough House wurde 1740–1751 vom bedeutenden Architekten Richard Castle für den späteren Earl of Milltown erbaut. Heute gehört das Landhaus der Familie Beit, die darin die Schätze ihrer Kunststiftung ausstellt, u. a. Werke von Boucher, Gainsborough, Teniers, Reynolds und Rubens sowie vier Seestücke von Joseph Vernet, die für das Haus gemalt und in die Stuckatur des Drawing Room eingefügt wurden (Mai–Sept. tgl. 10–18 Uhr, Mitte März–Ende April und Okt. Sa, So 10–18, sonst nach Voranmeldung, www.russborough.ie).

Wicklow Mountains 10

Moore, Wasser und im Sommer Berghänge voll blühendem Heidekraut und Ginster: Das Bergland

Am Powerscourt-Wasserfall

südlich von Dublin ist ein beliebtes Naherholungsgebiet mit dem 20 000 ha umfassenden Nationalpark als Kern. Wasserfälle, Seen und Hügel, aber auch tiefe Täler sowie zerklüftete Gebirge und raue Gipfel machen den Reiz der Wicklow Mountains aus. Auch wer mit dem Auto unterwegs ist, sollte zumindest einige Spaziergänge einplanen.

Mit etwas Kondition und rund einer Woche Zeit lohnt sich auch der 127 km lange **Wicklow Way,** Irlands längste Wanderroute. Unterwegs sind immerhin 3000 Höhenmeter zu bewältigen, aber die herrliche Landschaft entschädigt für alle Mühen.

Glendalough

Der Friedhof von Glendalough mit dem großen Rundturm

Die Landschaft und die frühchristliche Klosteranlage von Glendalough, dem »Tal der zwei Seen«, sind von ganz besonderem Reiz. Man möchte sich und den Hunderten von Mitbesuchern wünschen, hier einmal ganz allein zu sein und nur den Geräuschen zu lauschen, die der hl. Kevin gehört haben mag, als er im 6. Jh. hierher kam.

Vom 10. bis zum 12. Jh. stand Glendalough als Pilgerstätte und kulturelles Zentrum nur Clonmacnoise › S. 75 an Bedeutung nach. Aus dieser Zeit stammen die meisten erhaltenen Gebäude, darunter ein 33 m hoher Rundturm, das Hochkreuz St. Kevin's Cross und die Reste von sieben Gebetshäusern. Etwa 10 m über dem Seeufer befindet sich eine kleine Höhle, die St. Kevins Bett genannt wird.

Die ersten Bewohner waren allerdings lange vor Kevin da: Alle Anzeichen sprechen dafür, dass die Höhle schon 2000 Jahre vor ihm als menschliche Behausung diente. Und nach seiner Zeit versuchten alle möglichen Eroberer an sich zu raffen, was nicht niet- und nagelfest war: Zwischen 775 und 1070 soll das Kloster allein viermal von den Wikingern ausgeraubt worden sein. 1398 zerstörten dann englische Truppen die Anlage fast vollständig.

Das Visitor Centre bietet gutes Infomaterial und Führungen auf Anfrage (Mitte März–Mitte Okt. tgl. 9.30–18, sonst bis 17 Uhr, www.heritageireland.ie).

Wicklow

Wicklow ist ein gemütlicher Ferienort mit schönem Hafen. Südlich des Orts ragen auf den Felsen über dem Strand noch die letzten Reste von Black Castle aus dem Jahr 1178 auf. Schöne Strandspaziergänge kann man südlich der Landspitze von Wicklow Head unternehmen. **Der Sandstrand erstreckt sich kilometerweit** südwärts bis Brittas Bay.

Info

Wicklow County Tourism
- Wicklow Enterprise Park
- Tel. 0404/20070
- www.visitwicklow.ie

Hotels

Bel-Air Hotel and Equestrian Centre ●●
Ferien für geübte Reiter: Unterricht und Geländeritte sowie gehobenes B&B in reizvoller Landschaft.
- Ashford, ca. 10 km nordwestlich von Wicklow
- Tel. 0404/40109
- www.belairhotelequestrian.com

Drom Ard
B&B in Gehweite zum Ortszentrum, Familienzimmer. ●
- Im Viertel Ballynerrin Lower, Richtung N 11
- Tel. 0404/66056
- www.dromardbandb.com

*Wexford

An den Kais der freundlichen Stadt ist es still geworden, seit der Hafen nicht mehr kommerziell genutzt wird. Die Main Street, die parallel zum Hafen verläuft, ist dafür umso lebhafter, v. a. wenn sich am Abend die Pubs füllen.

Kultureller Höhepunkt des Jahres ist das **Wexford Opera Festival im Oktober** (www.wexfordopera.com). Seit 1951 werden jedes Jahr bekannte, aber auch selten gespielte Opern in meist hervorragenden Aufführungen geboten. Und die ganze Stadt zieht dann mit: Straßentheater, Dichterlesungen, Pub-Musik usw. in Hülle und Fülle.

Ausflüge von Wexford

Irish National Heritage Park

4 km nordwestlich an der Fernstraße N 11 bringt dieser Geschichtspark Besuchern die irische Vor- und Frühgeschichte bis zu den Normannen nahe. Sorgfältige Rekonstruktionen von Hütten der Stein- und Bronzezeit, ein frühchristliches Kloster, ein Wikingerboot auf dem Fluss Slaney und eine normannische Festung geben Einblicke in das Leben der jeweiligen Epoche. Alltagstätigkeiten werden in der jeweils historisch korrekten Form vorgeführt (Tel. 053/912 0733, www.inhp.com; Mai–Aug. 9.30 bis 18.30, Sept.–April 9.30–17.30 Uhr).

Strand von Curracloe

Der **wunderschöne, dünengesäumte Strand** nördlich von Wexford diente wegen seiner Ähnlichkeit mit dem Omaha Beach in der Normandie als Kulisse für den D-Day-Film »Saving Private Ryan«.

Rosslare und sein Hafen ‹ Zentrum & Ostküste ‹ TOP-TOUREN

Info

Wexford Tourist Office
- Crescent Quay
- Tel. 053/912 3111
- www.visitwexford.ie

Hotels

McMenamin's Townhouse ●●
Ein sehr schönes B & B für Liebhaber des Außergewöhnlichen.
- 6 Glena Terrace | Spawell Rd.
- Tel. 053/914 6442
- www.wexford-bedandbreakfast.com

Abbey House B & B ●●
Gemütliches kleines B & B im Herzen der Stadt; sehr gutes Frühstück.
- 34–36 Abbey St. | Tel. 053/912 4408
- www.abbeyhouse.ie

Restaurant

Forde's Restaurant ●
Für Service und Küche ausgezeichnet, v. a. großartige irische Speisen.
- Crescent Quay | Tel. 053/912 3832

Nightlife

The Centenary Stores
Clubs und Disko für Erwachsene.
- Charlotte St.
- Tel. 053/912 4424
- www.the stores.ie

The Wren's Nest
Pub, Sportbar und Restaurant.
- Custom House Quay
- Tel. 053/912 2359

Rosslare und sein Hafen 14

Ungefähr 15 km südlich von Wexford liegt der Ferienort **Rosslare Strand,** dessen schöner, feinkörniger Sandstrand erheblich zu seiner Beliebtheit beiträgt. Vom 5 km entfernten **Rosslare Harbour** legen die Fähren nach Fishguard und Pembroke in Wales sowie nach Roscoff und Cherbourg in Frankreich ab.

Hook Head Lighthouse, Irlands ältester Leuchtturm, erhebt sich ca. 40 km westlich von Wexford am Ende der schmalen Halbinsel Hook

TOP-TOUREN › Zentrum & Ostküste › **Kilkenny**

› Karte S. 59

Info

Co. Wexford Tourism
- Kilrane | Rosslare Harbour
- Tel. 053/ 916 1155
- www.rosslareharbour.ie

*Kilkenny 15

Der mittelalterliche Charakter der Stadt ist weitgehend erhalten geblieben. Ehe die Normannen im 12. Jh. dort ihre Festung errichteten, konzentrierte sich die Ansiedlung um das 600 Jahre zuvor gegründete Kloster. Unter seinem englischen Namen Canice ist der hl. Cainneach Schutzpatron der zweitgrößten Kathedrale Irlands, der **Cathedral of St. Canice** (13. Jh.), wo sich einige schöne mittelalterliche Grabdenkmäler befinden.

Südlich des Stadtkerns ragt inmitten von Grünanlagen das **Kilkenny Castle** dramatisch über dem Fluss Nore empor. In der »Long Gallery« hängen Familienporträts der Butlers; die Kunstgalerie im Keller stellt moderne Werke aus (Juni–Aug. tgl. 9–17.30, April, Mai, Sept. 9.30–17.30, März 9.30–17, Okt.–Feb. 9.30–16.30 www.kilkenycastle.ie).

Die **Crescent Workshops** im Castle Yard sind Ausbildungswerkstätten des Crafts Council of Ireland – junge Designer bieten hier ihre Arbeiten an, u.a Keramik, Lederwaren und Schmuck. In den ehemaligen Stallungen jenseits der Castle Road widmet sich das **Kilkenny Design Centre** der Förderung von Kunsthandwerk und Produktdesign. Ateliers, Läden und das Restaurant dort lohnen einen Besuch (www.kilkennydesign.com, Mo bis Sa 10–19 Uhr, So 10–18 Uhr).

Vom Schlosshügel verlaufen **High Street** und **Parliament Street** nordwärts zur Kathedrale St. Canice und bilden mit ihren Seitengassen den schönsten Teil der Altstadt.

Unter den historisch und architektonisch interessanten Gebäuden sticht **Shee Alms House** (16. Jh.) heraus, in dem sich das Tourist Information Office befindet. Im Sommer finden von hier häufig Stadtführungen statt. **Tholsel** heißt das Rathaus an der High Street, dessen Obergeschoss weit über die Straße hinausragt. Das beeindruckende ***Rothe House** wurde als Kaufmannshaus Ende des 16. Jhs. um mehrere Innenhöfe herum errichtet (April bis Okt. Mo–Sa 10.30–17, So 15–17, Nov.–März Mo–Sa 10.30 bis 16.30 Uhr, Tel. 056/772 2893, www.rothehouse.com).

Durch das **Black Freren Gate**, das letzte erhaltene Stadttor, gelangt man von der Parliament Street zur

Parliament Street in Kilkenny

Tullynally Castle ‹ Zentrum & Ostküste ‹ TOP-TOUREN

Tullynally Castle aus dem 17. Jh.

1225 gegründeten **Black Abbey**. Die Namen verraten den Dominikanerorden (mit schwarzem Habit).

Info

Kilkenny Tourism
- Shee Alms House | Rose Inn Street
- Tel. 056/775 1500
- www.kilkennytourism.ie

Hotels

Mount Juliet ●●●

Erst-klassig

Luxuriöses Landhaus aus dem 18. Jh. mit Reitstall, Top-Golfplatz (Irish Open), Fischgewässer und Jagd, zwei Restaurants und eleganten Zimmern.
- Thomastown (18 km südl.)
- Tel. 056/777 3000
- www.mountjuliet.ie

Club House Hotel ●●

Mittelgroßes Haus beim Castle mit modernen Zimmern und solchen im Stil des 18. Jhs. Restaurants, Bar.
- Patrick St. | Tel. 056/772 1994
- www.clubhousehotel.com

Restaurants

Langton's ●–●●

Preisgekrönter Pub mit separaten Speisezimmern.
- 67–69 John St.
- Tel. 056/776 5133
- www.langtons.ie

Cleere's Bar & Theatre ●

Neben Bier und Snacks gibt es Musik, manchmal auch Theater.
- 28 Parliament St.
- Tel. 056/776 2573
- www.cleeres.com

Tullynally Castle 16

Die Burg aus dem 17. Jh., um 1800 umgebaut, hütet eine der bedeutendsten Privatbibliotheken Irlands (nur Gruppenführungen nach Voranmeldung; Gärten: April–Sept. Do–So 11–18 Uhr, im Winter geschl.; www.tullynallycastle.com).

Vogelfreunde kommen weiter westlich am **Loch Iron** auf ihre Kos-

TOP-TOUREN › Zentrum & Ostküste › **Mullingar, Athlone**

› Karte
S. 59

ten, einem Schutzgebiet für Löffel- und Stockenten, Brachvögel, Regenpfeifer sowie die im Herbst einfallenden Gänse.

*Mullingar 17

Inmitten einer schönen Hügellandschaft mit zahlreichen kleinen Seen schmiegt sich das würdevolle Marktstädtchen in eine Biegung des Royal Canal. Die Wasserstraße wurde Ende des 18. Jhs. zwischen Dublin und dem Shannon erbaut. **Erst- klassig** Spaziergänger lieben das zugewachsene Ufer, Ruderer und Paddler das stille Gewässer.

Rings um Mullingar gibt es vortreffliche Angelgründe. Alljährlich finden am Lough Owel Anglerwettbewerbe statt; im April und August werden Forellen, im Juni Hechte gefangen.

Info

Fáilte Ireland East & Midlands
- Market Square | Mullingar
- Tel. 044/934 8650
- www.discoverireland.ie

Hotel

Greville Arms ●●
Stadthotel mit 40 Zimmern, Restaurant und Pub. Gute Ausstattung im klassischen Stil.
- Pearse St.
- Tel. 044/934 8563
- www.grevillearmshotel.ie

Restaurant

Crookedwood House ●●
Viel gelobtes Restaurant mit moderner irischer Küche im alten Pfarrhaus am Lough Derravaragh. Auch einige Gästezimmer.
- Crookedwood, ca. 10 km nördlich von Mullingar an der R 394
- Tel. 044/72165
- www.crookedwoodhouse.com

Athlone 18

Die vom Stadtbild her eher unspektakuläre Ortschaft im Zentrum der Region am Shannon gewinnt ihre Bedeutung aus der Lage an Irlands größtem Fluss. Die lebhafte Stadt ist ein Zentrum für Freizeitkapitäne › **Special S. 73**, und natürlich werden auch Bootsausflüge nordwärts auf den großen Lough Ree oder nach Clonmacnoise › **S. 75** angeboten.

Am Westufer neben der Hauptbrücke erhebt sich das ursprünglich normannische **Athlone Castle,** in dem das **Castle Museum** Ausstellungen zur Regionalgeschichte zeigt (Di–Sa 11–17, So 12–17 Uhr).

Die 1937 vollendete **Kathedrale** überragt das Ufer vis-à-vis.

Info

Tourist Information Office
- Civic Centre | Church St.
- Tel. 090/649 4630
- www.athlone.ie
- Im Winter geschl.

Hotel

Hodson Bay ●●–●●●
Großes, doch attraktives Ferienhotel mit Golfplatz und Marina am Ufer des Lough Ree.
- 7 km nördl. von Athlone an der N 61
- Tel. 090/644 2000
- www.hodsonbayhotel.com

SPECIAL
Auf sanften Wogen

Das Tuckern des Dieselmotors verklingt in der Abendstille. Leise knarren die Leinen der anderen Boote, die hier festgemacht haben. Nur vom hell erleuchteten Pub nahe der Anlegestelle klingen Stimmen und Musik durch die Dämmerung herüber.

Die Familie, die ihren Kabinenkreuzer gemächlich durch die eindrucksvolle Landschaft entlang des Shannon gesteuert hat, ist erst spät hier eingetroffen – den ganzen Tag über gab es so viel zu sehen: den Graureiher im Schilf beim Fangen der Plötzen, die man eigentlich selbst angeln wollte, ein Wikingerschiff auf dem weiten Fluss, und auch die Ruine von Rindown Castle auf ihrem Landvorsprung im Lough Ree musste noch eingehend erkundet werden.

Vielfältiges Angebot

Die Bootsvermieter in der Republik und in Nordirland haben sich längst auf Besucher aus Kontinentaleuropa eingestellt. Besonders günstig bucht man von zu Hause aus über ein Reisebüro. Wenn der Kabinenkreuzer groß genug ist, kann man auch **Mietfahrräder** für Ausflüge mit an Bord nehmen.

Mindestens 18 für Besucher zugängliche **Golfplätze** lassen sich vom Shannon-Ufer aus (zu Fuß oder im Taxi) bequem erreichen, und **Anglern** stehen mehr Möglichkeiten offen als sonst irgendwo in Westeuropa › S. 18.

Die schönsten Stopps

■ **Clonmacnoise**, eine traumhaft am Wasser gelegene, höchst sehenswerte Klosteranlage › S. 75.

Bild oben: Gemächlich geht es auf dem Shannon durch Irlands grüne Landschaften

TOP-TOUREN › **SPECIAL** › Shannon-Kreuzen

Vom Boot direkt auf den Golfplatz

- Die Landschaft um **Drumsna** südlich von Carrick-on-Shannon und die Ausgrabungen am Doon of Drumsna (eindrucksvolle steinzeitliche Wallanlage).
- **Jamestown** 2 km westlich von Drumsna. Dorf mit hübschen Häusern (17./18. Jh.).
- **Castle Coole** und **Florence Court** › S. 133 südlich von Enniskillen, zwei grandiose Herrenhäuser.
- **Devenish Island,** Upper Lough Erne, mit Klosterruinen und Rundturm › S. 133.
- **Boa Island** am Nordrand des Lower Lough Erne › S. 134.
- **Portumna** am Nordende von Lough Derg mit dem 600 ha großen Forest Park samt Wildgehege und Spazierwegen im Wald sowie zwei Castles, die beide zu besichtigen sind: Portumna Castle am Ortsrand, ein Herrenhaus aus dem 17. Jh., und Derryhivenny Castle, eine Festung weiter nördlich am Fluss.
- **Belleek**, eine lebhafte Kleinstadt mit renommierter Porzellanfabrik und Glasbläserei sowie Ausstellung zur Geschichte des Seengebiets (**Explore Erne Exhibition,** Erne Gateway Centre, Enniskillen Rd., Tel. 028/6865 8866; Juli bis Sept. tgl. 11–17 Uhr oder nach tel. Voranmeldung).

Bootsvermieter

- **Athlone Cruisers Ltd.**
Zentrale Lage; im Süden der Stadt fließt der Shannon breit und gemächlich – ideal für Anfänger –, nördlich auf dem Lough Ree ist das Navigieren wegen der vielen Inseln schwieriger und erfordert geübte Bootsfahrer.
Shannon-Erne und **Blaney** sind die beiden Stützpunkte am Oberlauf des Shannon; man kann sein Boot beim einen abholen und beim anderen wieder abgeben.
Jolly Mariner Marina | Athlone
Tel. 090/6472892
- www.boatholidaysireland.com liefert alles Wissenswerte über Bootstouren sowie eine Übersicht über verschiedene Bootsverleiher.
- **The Inland Waterways Association of Ireland** (Tel. 028/3832 5329, www.iwai.ie) und **Waterways Ireland** (Tel. 01/677 7510; www.waterwaysireland.org) erteilen ebenfalls kompetente Auskünfte.

Golf

Athlone Golf Club
Eingang direkt neben der Anlegestelle von Hodson Bay am Lough Ree. Wunderschön angelegter 18-Loch-Platz, Par 71 Meisterschaftsstandard, Nichtmitglieder tgl. außer Di willkommen.
Hodson Bay | Athlone | Co. Roscommon
Tel. 090/649 2073
www.athlonegolfclub.ie

Clonmacnoise ‹ Zentrum & Ostküste ‹ TOP-TOUREN

Jahrhundertelang wuchs Clonmacnoise, heute beeindrucken die Ruinen am Shannon

Clonmacnoise

Wer von Athlone auf dem Shannon nach Süden fährt, sieht schon von Weitem zur Rechten die lang gezogene Erhebung eines eiszeitlichen Moränenhügels und darauf eine von Erdwällen umgebene Ruine. Es handelt sich um die Reste einer im 13. Jh. erbauten Burg, hinter der bald die beiden Rundtürme von Kloster Clonmacnoise aufragen – eines der beliebtesten Fotomotive Irlands (Nov.–Mitte März 10–17.30, Mitte März–Mai 10–18, Juni bis Aug. 9–19, Sept.–Okt. 10–18 Uhr; Führungen ab Besucherzentrum, Tel. 090/967 4195, www.heritage ireland.ie).

Über **Ausflugsschiffe** informiert das Tourist Information Office in Athlone › S. 72. Am Ufer beim Kloster gibt es Anlegestellen für Kabinenkreuzer.

SEITENBLICK

Clonmacnoise – geistiges Zentrum der Kelten

Das erste Gebetshaus am Ufer des Shannon soll der hl. Ciarán bereits um 545 erbaut haben. Vom 7. bis ins 12. Jh. dann war Clonmacnoise das kulturelle und geistige Zentrum der keltischen Kirche. Aus ganz Europa strömten Mönche hierher und trugen Irland den Ruf ein, das »Land der Heiligen und Gelehrten« zu sein. Eine Liste, die im Jahr 1179 aus Anlass eines verheerenden Brandes erstellt wurde, führt im Areal 106 Wohnhäuser und 13 Kirchen auf.

Heute sind neben den Rundtürmen die Ruinen einer Kathedrale und acht weiterer Kirchen, drei Hochkreuze – darunter das prachtvolle Cross of the Scriptures – und an die 200 Grabplatten zu besichtigen, die meisten aus dem 10. bis 12. Jh. Ab dem 13. Jh. verlor der Ort an Bedeutung und war 1552, als englische Truppen die Anlage endgültig zerstörten, nur noch ein minderer Bischofssitz.

TOP-TOUREN › Zentrum & Ostküste › **Tullamore, Kildare**

› Karte S. 59

Locke's Distillery in Tullamore produzierte von 1757 bis 1953

Tullamore [20]

Der Ortsname steht im Ausland vorwiegend für die Produktion des Whiskeys »Tullamore Dew« und des Likörs »Irish Mist«. In Kilbeggan, 11 km nördlich, kann man an interessanten Führungen durch **Locke's Distillery** aus dem 18. Jh. teilnehmen (April–Okt. tgl. 9–18, sonst 10–16 Uhr, www.classicwhiskey.com/distilleries/lockes.htm).

Einige Kilometer westlich des kleinen Städtchens weckt das Märchenschloss **Charleville Castle** Erstaunen. Die neugotische Anlage (19. Jh.) eines reichen Großgrundbesitzers kombiniert Dutzende von Versatzstücken früherer Stilrichtungen (Führungen tgl. 12–18 Uhr; www.charlevillecastle.com).

Östlich von Tullamore stößt man auf den Südrand des weiten Torfmoors **Bog of Allen**. Einblicke in Flora und Fauna, Geologie und Archäologie der Region vermittelt das **Bog of Allen Nature Centre** in Lullymore bei Rathangan (Mo–Fr 9 bis 17 Uhr, u. a. zweistündige Führungen ins Moor; Tel. 045/860133, www.ipcc.ie/visitor-attraction).

Kildare [21]

Diese Stadt ist der geschäftige Mittelpunkt irischer Pferdezucht. Das staatliche Gestüt **National Stud** auf der über 2000 ha großen Torfebene des Curragh kann besichtigt werden (Visitor Centre für Besucher geöffnet tgl. 9–18, Führungen tgl. 12, 14.30 und 16 Uhr, Mitte Nov.–Ende Jan. geschl., http://irishnationalstud.ie).

Zum Gelände gehört ein wundervoller japanischer Garten, den der Gründer des Gestüts zu Beginn des 20. Jhs. anlegen ließ.

Auf dem **Curragh Racetrack** werden einige von Irlands wichtigsten Galopprennen ausgetragen, z. B. das Irish Derby im Juni.

Am Ring of Kerry

Südwestirland

Das Beste!

- **Rundfahrt** auf der Dingle Peninsula › S. 98
- **Schiffsausflug** zu den Skellig Islands – bei gutem Wetter! › S. 96
- **Strandspaziergang** am Stradbally Beach › S. 97
- **Fahrt mit der Pferdekutsche** durch den Killarney National Park › S. 95
- **In einem der Pubs von Cork** ein frisch gezapftes Guinness trinken › S. 82
- **Besuch am Rock of Cashel** im Abendlicht › S. 85

TOP-TOUREN › Südwestirland › ❾ Von Cork nach Waterford und Cashel

› Karte S. 80

Cork, die »heimliche Hauptstadt des Südens«, strahlt liebenswürdigen Charme aus. Überwältigende Natur bieten die weit in den Ozean hinausragenden Halbinseln des Südwestens, von denen Iveragh mit dem Ring of Kerry die meistbsuchte ist.

Der Südwesten mit seinen vielen Halbinseln, die in den Atlantik hinausragen, ist eine der meistbesuchten Regionen Irlands. Jede Strecke an der Südküste führt durch Bilderbuchdörfer und an idyllische Küstenstriche.

Weite Landstriche des irischen Südens sind insgesamt nur dünn besiedelt und hätten sich wahrscheinlich noch weiter entvölkert, wären da nicht die Touristenscharen, die eine sichere Einkommensquelle geworden sind. Das Landesinnere ist geprägt von üppigem Weideland und Zeugnissen jahrtausendelanger Besiedelung.

Die meisten Urlauber zieht es jedoch auf die Halbinseln der Westküste, die wie Finger weit ins Meer ragen. Auf teils winzigen und stets kurvigen Straßen kann man von Killarney aus Rundfahrten über die Halbinseln Dingle, Iveragh, Beara, Sheep's Head und Mizen unternehmen, wobei der rund 180 km lange Ring of Kerry auf Iveragh die meisten Besucher anzieht.

Doch andernorts kann man sich auch heute noch in dieser Landschaft verlieren und sie abgeschieden von jeglichem Trubel genießen. Die Umrundung einer Felsenhalbinsel nach der anderen mag auf der Landkarte vielleicht langweilig aussehen, doch muss man eher vor dem Gegenteil warnen: Auf viele Reisende wirkt das Erreichen der jeweils nächsten Landspitze wie eine Droge.

Touren in der Region

Von Cork nach Waterford und Cashel

Tour-Übersicht:

Verlauf: Cork › **Cobh** › **Midleton** › **Waterford** › **Clonmel** › **Cashel** › **Cork**

Dauer: 2 Tage

Praktische Hinweise:
- In Waterford wird das berühmte Waterford-Kristall hergestellt. Im Fabrikverkauf ist es günstiger.

Tour-Start:

Von ***Cork** › S. 82 geht es via **Cobh**, einem freundlichen Städtchen mit interessantem Titanic-Museum (in Cobh legte die »Titanic« vor ihrer schicksalhaften Reise zuletzt ab), nach **Midleton** › S. 89, wo die gleichnamige Brennerei Whiskeyfreunde lockt. Weiter über die N 25 erreicht man ***Waterford** › S. 87, das Etappenziel des ersten Tages. Wer Strände liebt, sollte einen Umweg über **Tramore** › S. 88 mit seinem 5 km langen Sandstrand einplanen. Entlang den **Knockmealdown Mountains** führt die Tour am zweiten Tag durchs Landesinnere zurück nach Cork. Höhepunkt auf dieser Teilstrecke ist der ****Rock of Cashel** › S. 85, der sich eindrucksvoll aus der Ebene von Tipperary erhebt. Seit dem 4. Jh. residierten hier die Könige von Munster, ab dem 12. Jh. hatte die Kirche auf dem Felshügel eines ihrer wichtigsten Zentren.

Von Cork zur Beara-Halbinsel

Tour-Übersicht:

Verlauf: Cork › Kinsale › Schull › Mizen › Sheep's Head Peninsula › Bantry › Beara › Macroom › Cork

Dauer: 3 Tage
Praktische Hinweise:
- Wer irisches Nachtleben erleben will, sollte einen Abend in Cork einplanen. Die Studentenstadt ist für ihre Pubs bekannt.

Tour-Start:

*Cork › S. 82, immerhin die zweitgrößte Stadt des Landes, besitzt zwar weder herausragende Sehenswürdigkeiten noch architektonische Glanzlichter, doch das Zentrum zwischen zwei Armen des Flusses Lee lohnt wegen seines kleinstädtischen Charmes und der vielen Pubs einen Besuch. Von Cork führt die Fahrt an die Südküste zum überaus sehenswerten Örtchen ****Kinsale** › S. 89, das von der riesigen Festung Charles Fort bewacht wird und für seine guten Restaurants bekannt ist. An der Küste südwestlich von Kinsale passiert man eine Reihe von hübschen Orten und schönen Stränden › S. 91, bevor man Schull auf der ***Mizen Peninsula** › S. 91 erreicht, das Etappenziel des ersten Tages.

Am zweiten Tag führt die Tour zum **Mizen Head** und über die ***Sheep's Head Peninsula** › S. 93 zum Marktflecken **Bantry** › S. 92, wo auch übernachtet wird.

Von dort umrundet man am dritten Tag die Halbinsel ****Beara** › S. 93 mit ihren abwechslungsreichen Landschaften und spektakulären Küstenabschnitten und fährt schließlich über **Macroom** zurück nach Cork. Diese Tour ist eine gute Alternative zum viel besuchten Ring of Kerry.

Die Halbinseln Dingle und Iveragh

Tour-Übersicht:

Verlauf: Killarney › Dingle Peninsula › Killarney › Killarney National Park › Killarney › Ring of Kerry › Kenmare › Killarney

TOP-TOUREN › Südwestirland › 9 10 11 › Karte S. 80

Dauer: 3 Tage
Praktische Hinweise:
- Im Sommer sind auf dem Ring of Kerry viele Ausflugsbusse unterwegs, was auf den engen Straßen den Gegenverkehr oft zum Ausweichen oder Halten zwingt. Man sollte deshalb die Tour um die Halbinsel Iveragh (Ring of Kerry) unbedingt in Killarney beginnen und in Richtung Killorglin fahren. So ist man in derselben Richtung unterwegs wie die Busse und erspart sich manches Ausweichmanöver.

Touren in Südwestirland

Tour 9 Von Cork nach Waterford und Cashel
Cork › Cobh › Midleton › Waterford › Clonmel › Cashel › Cork

⓫ Die Halbinseln Dingle und Iveragh ‹ Südwestirland ‹ TOP-TOUREN

■ Trotz der zuweilen anstrengenden Fahrt ist das Auto das beste Verkehrsmittel, weil es einem erlaubt, an den schönsten Foto- und Picknickplätzen anzuhalten. In Killarney werden aber auch Rundfahrten mit Tourbussen angeboten.

Tour-Start:

Bei dieser Tour werden von ***Killarney** › S. 94 aus drei Ausflüge zu einer Mehrtagesfahrt verbunden.

Einem Tagesausflug auf die ****Dingle Peninsula** › S. 96 folgt am zweiten Tag ein Wander- und Besichtigungsprogramm im ****Killarney National Park** › S. 95 mit dem

Tour ⓾ Von Cork zur Beara-Halbinsel
Cork › Kinsale › Schull › Mizen › Sheep's Head Peninsula › Bantry › Beara › Macroom › Cork

Tour ⓫ Rund um die Halbinseln Dingle und Iveragh
Killarney › Dingle Peninsula › Killarney › Killarney National Park › Killarney › Ring of Kerry › Kenmare › Killarney

imposanten Muckross House, bevor es am dritten Tag zum ****Ring of Kerry** › S. 95 auf der Halbinsel Iveragh geht.

Die Dingle-Halbinsel, die zu den schönsten Gegenden Irlands zählt, ist die weniger besuchte, aber ebenso attraktive Alternative zum Ring of Kerry. Trotzdem gehört die Rundfahrt auf dem Ring of Kerry für viele Urlauber zu den »must sees« einer Irlandreise.

Unterwegs in der Region

*Cork

Freundlich, erholsam, einladend: So wird Cork häufig beschrieben. Die Bewohner, heißt es, seien über die Maßen stolz auf ihre Heimatstadt. Gesundes Selbstvertrauen strahlt Cork gewiss aus, erst recht, seit es 2005 Kulturhauptstadt Europas war und aus diesem Anlass ganze Straßenzüge verschönert wurden.

Dunkelste Stunden erlebte Cork im anglo-irischen Krieg 1920/21, als Freischärler in britischen Diensten, die sogenannten *Black and Tans*, die Stadt wegen Unterstützung der Republikaner fast völlig niederbrannten. Der Niedergang traditioneller Gewerbe setzte in den 1930er-Jahren ein, doch sind Bier und Whiskey neben Elektronik- und Chemieprodukten auch heute noch die Erzeugnisse der ortsansässigen Industrie.

Der Kern dieser geschäftigen Hafenstadt liegt auf einer Insel zwischen zwei Armen des Flusses Lee und lässt sich zusammen mit den zentrumsnahen Vierteln bequem zu Fuß erkunden.

- Ⓐ The Statue
- Ⓑ Crawford Municipal Art Gallery
- Ⓒ English Market
- Ⓓ Elizabeth Fort
- Ⓔ St. Finbarre's Cathedral
- Ⓕ University College
- Ⓖ Cork Public Museum
- Ⓗ St. Patrick's Bridge
- Ⓘ St. Anne's Church
- Ⓙ Shandon Craft Centre

Die südliche Innenstadt

Am Nordende der Haupteinkaufsstraße **St. Patrick's Street** blickt das von Einheimischen nur **The Statue** Ⓐ genannte Standbild des Paters Theobald Matthew, Wohltäter der Armen und Abstinenzprediger im 19. Jh., als Wahrzeichen auf die Stadt.

Zwei Institutionen, die im Kulturjahr 2005 eine wichtige Rolle spielten, sind das moderne **Opernhaus** und die benachbarte ***Crawford Municipal Art Gallery** Ⓑ (Mo bis Sa 10–17, Do bis 20 Uhr, Eintritt frei; www.crawfordartgallery.ie). Die imposante Fassade des ehemaligen Zollamts von 1724 integrierte der Architekt William Hill 1884 geschickt in seinen Bau für die städtische Kunstakademie, die später das Gebäude den Sammlungen irischer und britischer Kunst des 18. bis 20. Jhs. überließ. Neben Stichen, Glasmalerei und Skulpturen birgt sie u.a. Gemälde von James Barry, Daniel Maclise und Jack B. Yeats. Zum Besuch der Galerie gehört unbedingt eine Pause im **Crawford Gallery Café** (Tel. 021/427 4415, ●●). Als Ableger des berühmten Ballymaloe House › S. 89 wird es hohen Ansprüchen gerecht.

Von der St. Patrick's Street zweigt die Passage zum **English Market** Ⓒ ab, einem sehenswerten überdachten Obst-, Gemüse-, und Fleischmarkt. In seinem Umfeld verlocken auch die Oliver Plunkett Street und die Grand Parade zum Schauen und Shoppen.

Einen schönen Blick auf Cork hat man von der alten Festung **Elizabeth Fort** Ⓓ, während die Meinungen über **St. Fin Barre's Cathedral** Ⓔ geteilt sind: Manche finden die 1878 vollendete protestantische Bischofskirche samt ihrem farbigen Interieur eindrucksvoll, andere ganz scheußlich.

Eine Grünfläche umgibt das **University College** Ⓕ. Der Nordflügel

TOP-TOUREN › Südwestirland › **Cork**

› Karte S. 82

River Lee und die Kathedrale

Die nördliche Innenstadt

Gleich bei The Statue › S. 83 führt die **St. Patrick's Bridge** ❶ über den nördlichen Arm des Flusses Lee (North Channel). Diesen Stadtteil überragt die **St. Anne's Church** ❶ (1726). Zwei Wände ihres Glockenturms, des Tower of Shandon, bestehen aus fast weißem Kalkstein, die andern beiden aus rotem Sandstein. Gegen Entgelt kann man den Turm erklimmen und das berühmte Geläut selbst in Gang setzen (Ostern bis Nov. Mo–Sa 9.30–17 Uhr, Nov. bis Ostern 10–15 Uhr).

Die ehemalige Butterbörse aus dem 18. Jh. (Exchange St.) beherbergt heute das **Shandon Craft Centre** ❶ mit teuren Läden für Kunsthandwerk. Wie bei so vielen Sehenswürdigkeiten in Cork gab es auch hier Verschönerungsmaßnahmen für das Kulturjahr 2005.

Am Rand des Stadtzentrums liegt das **City Gaol**. Bei einem Rundgang durch das ehemalige Gefängnis erhält man eine Vorstellung von den harten Bedingungen, unter denen im 19. und frühen 20. Jh. Gefangene untergebracht waren (Covent Ave., www.corkcitygaol.com; März bis Okt. 9.30–17, Nov.–Feb. 10–16, Abendführungen Do 18 Uhr)

des Hauptgebäudes birgt eine bedeutende Sammlung von Steinen mit Texten in der keltischen Ogham-Schrift. Zum Universitätsgelände gehört auch die 1915 erbaute ***Honan Chapel** mit einigen der besten Beispiele angewandter Kunst des sogenannten Irish oder Celtic Revival, darunter Glasmalereien, Mosaiken und Emailarbeiten.

Das **Cork Public Museum** ❶ im Fitzgerald Park erhellt die Stadtgeschichte (v. a. von 1916 bis 1923) und zeigt archäologische und naturgeschichtliche Funde. 2005 erhielt es zwei neue, lichte Galerien (Mo bis Fr 11–13 und 14.15–17 Uhr, Sa bis 16 Uhr, April–Sept. auch So 15 bis 17 Uhr; Eintritt frei).

Info

Fáilte Ireland
- 35 Grand Parade | Tel. 021/425 5100
- www.corkcity.ie

Verkehrsmittel

- **Flughafen:** Cork Airport, 6 km südl. (www.kerryairport.ie); Flüge zum Kontinent; Transferbusse von Parnell Place.

- **Bahnhof:** Kent Railway Station, Lower Glanmire Road (Fahrplaninfo Tel. 021/455 7277 oder 1850/366 222); IC-Verbindungen nach Dublin, Limerick, Clonmel, Waterford, Rosslare, Enniscorthy, Mallow, Cobh und Kildare.
- **Busse:** Parnell Pl./Merchant's Quay (Fahrplaninfo: www.buseireann.ie); Verbindungen nach Cobh, Ringaskiddy, Blarney; **Stadtbusse:** Hauptknotenpunkt St. Patrick's St.
- **Fähren:** nach Roscoff (Frankreich) ab Ringaskiddy, 14 km südöstl. von Cork (Fahrplaninfo Tel. 021/427 1166).

Hotels

Radisson Blu Hotel & Spa ●●●
Spa-Hotel mit großer Wellnessabteilung, Saunen und Pool. Knapp 10 km vom Stadtzentrum entfernt.
- Ditchley House | Little Island
- Tel. 021/429 7000
- www.radissonblu.com

Crawford Guesthouse ●●–●●●
Ein richtig gutes B & B nahe der Uni: 12 gepflegte Zimmer mit moderner Einrichtung.
- Western Road
- Tel. 021/427 9000
- www.crawfordhouse.ie

Achill House ●–●●
Angenehme Pension, schlichte Zimmer, 5 Gehminuten ins Zentrum.
- Western Road | Tel. 021/427 9447
- www.achillhouse.com

Restaurants

The Ivory Tower ●●

Fisch und Vegetarisches nach Rezepten aus aller Welt und in ungewohnten Kombinationen. Di–Sa 19–1 Uhr.
- 35 Princess St.
- Tel. 021/427 4665

Quay Co-Op ●
Vegetarische Vielfalt in nettem Ambiente mit Selbstbedienung – wochentags vom Breakfast ab 8 Uhr bis zum Dinner, So ab 12 Uhr geöffnet.
- 24 Sullivan's Quay
- Tel. 021/431 7026
- www.quaycoop.com

Pubs

The Lobby Bar, Charlie's, Donkey's Ears, An Phoenix. Vier freundliche Pubs Seite an Seite am Union Quay. In einem davon gibt es praktisch immer Musik.

Ausflug zum Blarney Castle

Große Beredsamkeit erlangt angeblich, wer im Blarney Castle (8 km nördlich von Cork) den »Blarney Stone« auf dem Rücken liegend mit den Lippen berührt (Mai–Sept. Mo–Sa 9–18.30, im Hochsommer bis 19, So 9–17.30 Uhr, Okt.–April bis zur Dämmerung; www.blarneycastle.ie).

Rock of Cashel

Schon lange bevor man den kleinen Ort Cashel erreicht, sieht man von Weitem den Rock of Cashel aus der Ebene von Tipperary emporragen – ein Kalksteinhügel, auf dem sich die Silhouette einer eindrucksvollen Ruine gegen den Himmel abzeichnet. Mit dem Bau der monumentalen gotischen Kathedrale wurde

TOP-TOUREN › Südwestirland › **Clonmel**

› Karte S. 80

Der imposante Rock of Cashel

um 1235 begonnen, doch musste sie 1495 aufwendig renoviert werden, nachdem Graf Gerald von Kildare sie in Brand gesteckt hatte. Ab 1750 verfiel die Kirche zusehends. In der **Hall of the Vicars Choral** aus dem 15. Jh. skizzieren ein kleines Museum und ein zwanzigminütiger Film die Geschichte der Anlage.

Der Rundturm an der Ecke des nördlichen Querschiffs stammt wahrscheinlich aus dem 11. Jh. und ist das älteste erhaltene Bauwerk auf dem Hügel, aber nicht der einzige Beleg dafür, wie sorgfältig die Erbauer die Kathedrale zwischen Vorhandenes platzierten: **Cormac's Chapel** wirkt wie ein schräger Anbau zwischen Chor und Querschiff, aber bei genauerem Hinsehen entpuppt sich die erstaunlich gut erhaltene Kapelle als eines der bedeutendsten romanischen Bauwerke Irlands, 100 Jahre älter als die Kathedrale selbst. Der Legende nach soll der hl. Patrick im 5. Jh. in Cormac's Chapel den König von Munster bekehrt und getauft haben. Als gesichert gilt, dass sich auf dem Hügel etwa ab 980 eine Festung des Hochkönigs Brian Boru befand. Die Dekorationen, die Einflüsse aus dem Elsass und aus Bayern verraten, zeugen von der Kunstfertigkeit irischer Steinmetze. (Mitte März bis Mitte Juni tgl. 9.30–17.30 Uhr, Mitte Juni–Mitte Sept. 9–19 Uhr, Mitte Sept.–Mitte Okt. 9–17.30 Uhr, sonst 9–16.30 Uhr, www.heritageireland.ie/en/south-east/rockofcashel.)

Restaurants

Chez Hans ●●●
Für Gourmetküche berühmtes, elegantes Restaurant. Sa, So, Mo und in den ersten 3 Januarwochen geschl.
- Moor Lane
- Tel. 062/61177
- www.chezhans.net

Brú Ború ●
Kulturzentrum mit sommerlichen Veranstaltungen, z. B. traditioneller Musik, Volkstanz, Geschichtenerzählern; anständiges Café/Restaurant.
- Unterhalb des Parkplatzes am Rock of Cashel
- Tel. 062/61122
- www.comhaltas.ie

Clonmel 3

Die prosperierende Kleinstadt Clonmel am Fluss Suir könnte man als Hundemetropole bezeichnen: Hier ist nicht nur die in einschlägigen Kreisen berühmte Jagdmeute der »Tipperary Hounds« zu Hause, hier liegt auch eine der beliebtesten Hunderennbahnen Irlands.

Clonmel ist auch ein guter Ausgangspunkt für Rad- und Wandertouren durch die **Comeragh Mountains,** ein teils karges, teils aufgeforstetes Hügelland. Der höchste Punkt und Aussichtsberg der Comeraghs ist der Fascoum mit 789 m.

Erstklassig

Info

Tourist Office
Bietet Wanderführer und Detailkarten der Comeragh Mountains.
- The Main Guard
- Tel. 052/612 2960
- www.discoverclonmel.com

Shopping

Dove Hill Irish Design Centre
Ob Mode, Lebensmittel oder Glaswaren von Tipperary Crystal – hier finden Sie hochwertige irische Produkte (Mo–Sa 9.30–18, So 12–18 Uhr).
- Dove Hill (an der N24 Richtung Carrick) | Carrick-on-Suir
- www.dovehill.ie

Carrick-on-Suir 4 ✕

Am Ostende der Castle Street im Städtchen Carrick-on-Suir erhebt sich das interessante ***Ormonde Castle**. An seine Burg aus dem 15. Jh. fügte der 10. Earl of Ormonde (genannt »Black Tom«), ein Favorit der englischen Königin Elisabeth I., ein Herrenhaus im Tudorstil an. Dies ist einzigartig für Irland, denn solche Landsitze wurden sonst nur im befriedeten englischen Kernland gebaut. (Ostern bis Anfang Okt. tgl. 10–18 Uhr, www.heritageireland.ie/en/South-East/OrmondCastle).

*Waterford 5

Das alte Stadtzentrum von Waterford umgibt die (neben Derry) besterhaltene Stadtmauer Irlands. In den Außenbezirken breiten sich die weniger ansehnlichen Wohn- und Industrieviertel einer modernen 45 000-Einwohner-Stadt aus. Die Geschichte des Orts geht auf das 9. Jh. zurück, als Wikinger hier die Siedlung Vadraford gründeten.

Am Ostende der Stadtmauer ragt **Reginald's Tower** am Flussufer auf (Ostern–Mai tgl. 10–17, Juni–Mitte Sept. 10–18, Mitte Sept.–Ostern Mi–So 10–17 Uhr). Hier werden archäologische Funde, u. a. aus der Wikingerzeit ausgestellt.

Die Stadtgeschichte von 1700 bis 1970 zeigt die Ausstellung im **Bishop's Palace** am Ende der Mall (Juni–Aug. Mo–Sa 9–18, So 11 bis 18 Uhr, Sept.–Mai nur bis 17 Uhr; www.waterfordtreasures.com).

An den Kais legen moderne Frachter an, denn Waterford gehört nach wie vor zu den wichtigsten irischen Handelshäfen.

In der Altstadt entstanden zwei bedeutende Kirchen nach Plänen des einheimischen Baumeisters John Roberts. Zwar selbst Protestant, entwarf er 1792 die katholische **Holy Trinity Cathedral** (Barronstrand St.) im gediegenen georgianischen Stil. 20 Jahre zuvor hatte er für die Church of Ireland die klassizistische **Christ Church Cathedral** gebaut, deren Vorplatz, der Cathedral Square mit seinen Repräsentationsbauten aus dem 18. Jh., die Stadt besonders schmückt.

In aller Welt bekannt ist Waterford durch seine Glasmanufaktur **Waterford Crystal**. Die neue Fabrik mit Outlet befindet sich im Zentrum von Waterford (www.waterfordvisitor centre.com).

Info

Waterford Tourism
- The Granary | 41 The Quay
- Tel. 051/875 788
- www.waterfordtourism.com

Hotels

Waterford Castle ●●●

Nobles Haus auf **eigener Insel mit Privatfähre**, ehemals ein altes Schloss. Mit Luxusrestaurant und Golfklub.
- The Island, ca. 4 km östlich der Stadt
- Tel. 051/878 203
- www.waterfordcastle.com

Sion Hill House ●●
Gehobenes B & B in einem 200 Jahre alten Haus inmitten einer Parklandschaft mit Blick auf die Stadt.
- Ferrybank | Tel. 051/851 558
- www.sionhillhouse.ie

Restaurants

McAlpin's Suir Inn ●●
Traditionsreiches Gasthaus, ca. 10 km außerhalb von Waterford. Fischgerichte in guter Qualität zu fairen Preisen.
- Cheekpoint
- Tel. 051/382 220
- www.mcalpins.com

Pubs

Henry Downes
Mehrere dämmrige Schankräume und selbst abgefüllter Whiskey (Henry Downes' No 9, auch zum Mitnehmen).
- 8–10 Thomas St.
- Tel. 051/874 118

T & H Doolans
Waterfords ältester Pub, gepflegte Biere und häufige Folk-Sessions.
- 31 George's Street
- Tel. 051/841 504

Tramore 6

Der größte Badeort im Einzugsbereich von Waterford wirkt ein wenig schäbig: Rummelplatz, Spielhallen und Pommesbuden machen nicht den elegantesten Eindruck, aber der 5 km lange Sandstrand an der weiten Bucht mit den hohen Dünen entschädigt für vieles. Fährt man auf der R 675 der Küste entlang, durch hübsche Dörfer und vorbei an lohnenden Aussichtspunkten, trifft man in **Stradbally** auf einen weiteren ausgesprochen schönen Strand. Die bewaldeten Klippen ringsum laden zu ausgedehnten Spaziergängen ein.

Hotel

Cliff House Hotel ●●●
Das dreistöckige Haus steht, wie der Name suggeriert, auf den Klippen.
- Ardmore
- Tel. 024/87800
- www.thecliffhousehotel.com

Youghal 7

In Youghal (gesprochen: Johl) finden Feinschmecker einige gute Restaurants.

Im Mittelalter hatte die Stadt strategische Bedeutung, weshalb ihr

Midleton, Kinsale ‹ Südwestirland ‹ TOP-TOUREN

Hafen stark befestigt wurde. Neben dem Hafen ist die kleine Altstadt sehenswert, außerdem liegen in der Umgebung einige schöne Strände.

Restaurants

Ballymaloe House ●●●

Eines der renommiertesten Hotels im Süden, das die einflussreichste Restaurantküche Irlands beherbergt. In jeder Hinsicht erlesen.
- Shanagarry (ca. 12 km westlich von Youghal)
- Tel. 021/465 2531
- www.ballymaloe.com

Aherne's Seafood Restaurant ●●

Preisgekröntes Spitzenrestaurant und der Traum aller Liebhaber von Meeresfrüchten.
- 163 North Main St.
- Tel. 024/92424
- www.ahernes.net

Midleton 8

Die Ursprünge von Irlands größter Whiskeybrennerei im Ort Midleton gehen bis ins 18. Jh. zurück.

Auf einer geführten Tour erfährt man alles über die Geschichte des irischen Whiskeys und besichtigt die Mälzerei, die Kornspeicher und die Destillieranlagen, darunter auch die weltweit größte Brennblase mit 32 000 Gallonen Fassungsvermögen. Nach der Besichtigung kann man an einer Verkostung teilnehmen (Führungen Nov.–März tgl. um 11.30, 13, 14.30 und 16 Uhr, sonst tgl. zwischen 10 und 16.30 Uhr, Tel. 021/461 3594, www.jamesonwhiskey.com).

**Kinsale 9

Das Bilderbuchstädtchen belegt seine Bedeutung als Marinehafen in der Zeit vom 17. bis ins 19. Jh. durch das riesige *Charles Fort (17. Jh.), das den Hafeneingang bewacht. Es gilt als **eine der besterhaltenen derartigen Anlagen in ganz Europa** (Mitte März–Okt. tgl. 10 bis 18, sonst bis 17 Uhr, Tel. 021/ 477 2529, www.cork-guide.ie/ charles.htm).

Das 1706 erbaute, schmucke ehemalige Gerichtsgebäude am Marktplatz beherbergt nun ein kleines Museum mit Ausstellungen zur Regionalgeschichte.

Kinsale hebt sich von anderen Ferienorten an dieser Küste durch viele gut erhaltenen Häuser aus dem 18. Jh. ab. Ein etwa 3 km langer Spaziergang führt zur Festung – man folge den Schildern mit der Aufschrift »Scilly Walk«.

Charles Fort, eine klassische sternförmige Festung mit fünf Bastionen

TOP-TOUREN › Südwestirland › **Kinsale**

› Karte
S. 80

Mizen Head, der südwestlichste Punkt Irlands

Info

Tourist Information Office
- Pier Road (Kreuzung Emmet Place)
- Tel. 021/477 2234
- www.kinsale.ie

Hotels

Blue Haven ●●●
Himmlisches Boutiquehotel; die Zimmer sind geschmackvoll schlicht, die Fischgerichte im renommierten **Fishmarket Restaurant** eine Offenbarung.
- 3 Pearse St.
- Tel. 021/477 2209
- www.bluehavenkinsale.com

Old Bank House ●●●
Georgianisch-elegante Pension mit perfekt ausgestatteten Zimmern.
- 11 Pearse St.
- Tel. 021/477 4075
- www.oldbankhousekinsale.com

Old Presbytery ●●
Zentral, aber ruhig gelegenes B & B, sowohl nostalgisch wie komfortabel. Mit Penthouse-Suite.
- Cork St. | Tel. 021/477 2027
- www.oldpres.com

Restaurant

Man Friday ●●
Wie das Restaurant des Hotels Blue Haven Mitglied im Good Food Circle und bekannt für **feine Meeresfrüchte**; stilvolles Ambiente. So 12.30–21.30, sonst nur abends (ab 17 Uhr) geöffnet.

 Erst-klassi

- Scilly | Tel. 021/477 2260
- www.manfridaykinsale.ie

Pub

1601
Eine von unzähligen Kneipen im Viertel um den Marktplatz und die Main Street; traditionelle Snacks und Musik.
- Pearse Street

SEITENBLICK

Für Feinschmecker

Kinsale ist eine gastronomische Hochburg mit vielen ausgezeichneten Restaurants. Rund zehn davon bilden den **Good Food Circle**, der jährlich im Oktober ein internationales Gourmetfestival veranstaltet. Adressen, Programm und Tickets:
- Tel. 021/477 3571
- www.kinsalerestaurants.com.

An der Küste südwestlich von Kinsale

An diesem Küstenabschnitt liegen einige schöne Strände und Landschaften, z. B. die Landspitze des **Old Head of Kinsale** mit wunderbarem Blick über die Courtmacsherry Bay. Gute Strände findet man auch beim lebhaften Örtchen **Clonakilty**, durch das die angeblich schmalste Hauptstraße Irlands führt. Zwischen Clonakilty und Skibbereen reihen sich etliche malerische Küstendörfer.

In **Rosscarbery** sollte man auf die gewundene Küstenstraße R 597 abbiegen, die vorbei am prähistorischen Steinkreis von Drombeg nach **Glandore** führt.

Das sehenswerteste Dorf an diesem Küstenabschnitt ist *Castletownshend, dessen schöne Hauptstraße steil zum Hafen hin abfällt. Dem Stadtbild ist anzusehen, dass sich hier früher das anglo-irische Bürgertum wohlfühlte.

Über **Skibbereen,** einen netten Marktflecken mit guten Einkaufsmöglichkeiten, ist oft zu lesen, dass es seine Entstehung algerischen Freibeutern verdanke. Das stimmt insofern, als verschreckte Küstenbewohner sich landeinwärts niederließen, nachdem 1631 nordafrikanische Piraten den Hafen *Baltimore überfallen und fast 200 Einwohner als Sklaven verschleppt hatten.

Heute präsentiert sich Baltimore wieder ganz friedlich; jedes Jahr kommen viele Urlauber wegen der wunderbaren Aussicht auf die Felsenküste und den Atlantik hierher, aber auch wegen des geschützten Jachthafens und der Bootsausflüge zu den vorgelagerten Inseln.

Info

Tourist Information Office
- Town Hall | Tel. 028/21766
- www.skibbereen.ie

Restaurant

**Rolf's Restaurant/
Café & Wine Bar** ●●
Frühstück, internationale Küche und interessante Weinkarte. Mo, Di geschl., Frühstück und Dinner zu jeder Jahreszeit, Lunch nur im Sommer.
- am Hafen von Baltimore
- Tel. 028/20289

Shopping

Die Grafschaft Cork weist **einige der besten Wochenmärkte** in Irland auf. Vor allem die **Freitagsmärkte** in Skibbereen, Bandon und Bantry bieten eine große Auswahl an Gemüse, Backwaren und Kunstgewerblichem.

*Mizen Peninsula

Die Fahrt über die Mizen-Halbinsel von Ballydehob über Schull zum Mizen Head, der Südwestspitze Irlands, führt durch **eine der schönsten Regionen des irischen Westens.** Man passiert Sandstrände und fährt an Steilküsten entlang, bevor man zum 1909 erbauten Leuchtturm an der Landspitze kommt. Wobei die Bezeichnung »Turm« in diesem Fall etwas irreführend sein mag, ist doch die Lichtanlage einfach auf dem Dach eines Gebäudes installiert.

TOP-TOUREN › Südwestirland › **Bantry**

› Karte
S. 80

Besonders beliebt bei Sonnenanbetern und Strandspaziergängern ist der **Barley Cove Beach** zwischen Crookhaven und Mizen Head.

Gerät und Tipps zum Tauchen, Windsurfen, Dingisegeln und Hochseeangeln vermietet das **Schull Watersports Centre** (The Pier, Tel. 028/28554, www.schull.ie).

Info

Mizen Head Visitor Center
- Mizen Head | Tel. 028/35115
- www.mizenhead.ie

Hotel

Grove House ●
In dem schön gelegenen Landhaus hat schon George B. Shaw übernachtet. Fünf großzügige, modernisierte Zimmer, ausgezeichnetes Restaurant.
- Colla Road | Schull
- Tel. 028/28067
- www.grovehouseschull.com

Bantry

Der Fischerhafen und Marktflecken Bantry ist ein guter Ausgangspunkt für die Erkundung der Halbinseln Mizen und Beara. Auf dem Hauptplatz steht die Statue von St. Brendan the Navigator, der von hier zu seiner berühmten Seefahrt aufbrach, auf der er zwischen 535 und 553 Amerika entdeckt haben soll. Der Sänger Christy Moore hat in seinem Lied »St. Brendan's Voyage« recht satirisch beschrieben, was dem Heiligen an Entdeckungen angedichtet wird und warum er nach Irland zurückkehrte – wegen der Frauen und des Bieres.

***Bantry House**, ein Landsitz in wunderbarer Lage am Westrand der Stadt, wurde 1700–1710 erbaut und um 1840 stark erweitert. Aus dem Baumbestand der im italienischen Stil angelegten Gärten blieb Richtung Nordwesten eine weite Rasenfläche ausgespart, sodass man vom Haus einen fantastischen Ausblick über die Bantry Bay mit Whiddy Island zu den Hügeln der Halbinsel Beara genießt. Im Inneren beeindrucken blau gefleckte Scagliola-Säulen aus gepressten Marmorsplittern und zahlreiche Porträts (Mitte März–Okt. tgl. 10–18 Uhr, www.bantryhouse.com).

Info

Tourist Information Office
- Old Courthouse (am Ostende des Marktplatzes)
- Tel. 027/50229
- Nur April–Okt. geöffnet.

Hotel

Bantry House ●●
Eher ungewöhnliches B & B mit schlichten, aber sehr begehrten **Zimmern in den Seitenflügeln des Landsitzes**; den Gästen stehen einige erlesene Gemeinschaftsräume offen.

Erstklass

- Tel. 027/50047
- www.bantryhouse.com

Restaurant

O'Connor's Seafood Restaurant ●●
Vor allem feine Fisch- und Meeresfrüchtegerichte gibt es hier, es ist aber auch Fleisch auf der Karte. Hauptgerichte um 25 €. Im Winter Di u. Mi abends geschl.
- Wolfe Tone Square | Tel. 027/55664
- www.oconnorseafood.com

Sheep's Head Peninsula, Beara ‹ Südwestirland ‹ TOP-TOUREN

Musterbeispiel eines irischen Herrenhauses: Bantry House

Pub

Anchor Tavern
Voll mit Sammelsurium und einheimischer Kundschaft, gelegentlich Sessions.
▪ New Street

*Sheep's Head Peninsula 12

Südwestlich von Bantry erstreckt sich die schmalste und am wenigsten erschlossene Halbinsel, die Sheep's Head Peninsula. Als »Goat's Path Scenic Route« ist die Straße ausgeschildert, die mit schönen Ausblicken über Bantry Bay bis zur Spitze beim Sheep's Head führt.

**Beara 13

Glengarriff ist ein guter Ausgangspunkt für eine Rundfahrt über die Halbinsel Beara (Ring of Beara). Auf der R572 verlässt man das Städtchen und fährt in südwestlicher Richtung entlang der recht rauen Küste bis zur Streusiedlung **Adrigole**. Hier biegt die R574 zum **Healy Pass** ab. In vielen Kurven schraubt sich die Straße durch eine immer karger werdende Landschaft hinauf bis zur Passhöhe auf 330 m. Danach geht es mit schöner Aussicht auf den Glanmore-See hinunter nach **Lauragh**.

Der nun folgende Abschnitt entlang der Nordküste zählt zum spektakulärsten Teil des Ring of Beara. Eng und kurvenreich führt die Straße bergauf und bergab über Ardgroom nach **Eyeries** mit seinen bunt bemalten Häusern. Über Allihies erreicht man auf einer Stichstraße schließlich den **Garinish Point**, den südlichsten Punkt der Halbinsel. Hier bringt die einzige Kabelbahn Irlands Besucher nach **Dursey Island** (ganzj. Mo–Sa 9–10.30, 14.30 bis 16.30, 19–19.30, So 9–10, 13–14, 19 bis 19.30 Uhr). Viel hat die Insel nicht zu bieten, doch die schwankende Seilbahnfahrt in luftiger Höhe ist ein Erlebnis.

Auf der Südseite der Halbinsel lockt **Castletownbere**, der Hauptort von Beara. Er besitzt einen wichtigen Fischerhafen sowie zahlreiche nette Pubs und Restaurants.

Auf Beara wurde die Landschaft durch Abholzung und Viehwirtschaft verändert, Burgruinen wechseln sich mit aufgelassenen Kupferminen ab, doch eine eindrucksvollere Küste findet man auch auf den beiden Halbinseln Iveragh und Dingle nicht.

Pub

MacCarthy's Bar ●
Der leuchtend rote Pub an der Hauptstraße ist unübersehbar. Im Kramladen neben der Theke kann man auch noch kleine Einkäufe tätigen.
- The Square | Castletownbere
- Tel. 027/70014

Ausflug nach Garinish Island

Die kleine Insel in der Bucht von **Glengarriff** wurde Anfang des 20. Jhs. für einen Geschäftsmann in einen subtropischen Paradiesgarten verwandelt. Blühende Beete, ein japanischer Steingarten und sogar Bonsai-Bäume sind hier zu bestaunen. (www.harbourqueenferry.com, Tel. 027/63116; Pendelverkehr März–Okt. tgl. alle 20 Min.)

*Killarney 14

Die Stadt hat – nach Dublin – mehr Fremdenzimmer als sonst ein Ort in Irland, und dazu die ärgsten Verkehrsstaus weit und breit. Gemütlicher ist da schon eine Rundfahrt in einer Pferdekutsche: An jeder Ecke warten die *Jaunting cars* mit ihren fröhlich erklärenden Kutschern. Auch die direkte Umgebung von Killarney hat einiges zu bieten: Auf der malerischen Insel Inisfallen im 8 km langen und 3 km breiten **Lough Leane** sind die Reste eines mittelalterlichen Klosters mit Ausflugsbooten von der Burgruine **Ross Castle** am Ufer zu erreichen.

Bei den **Pferderennen im Mai, Juli und Oktober** kann man das wahre Irland hautnah miterleben (**Killarney Racecourse,** Ross Road, Tel. 064/31125; www.goracing killarney.com).

Info

Tourist Information Office
- Beech Road
- Tel. 064/663 1633
- www.killarney.ie

Hotel

Foley's Town House ●●
Gemütliche Bar, traditionelles irisches Essen im Restaurant, gut ausgestattete und individuell gestaltete Gästezimmer sowie zwei Suiten: eine Oase mitten in der Stadt, auch für Familien.
- 24 High St.
- Tel. 064/663 1271
- www.foleystownhouse.com

Restaurant

Laune & Taylors ●●
Anheimelndes Pub-Restaurant mit traditioneller irischer Küche, aber auch vegetarische Gerichte.
- 102–103 New St.
- Tel. 064/663 2772
- http://launekillarney.com

Shopping

Variety Sounds
CDs, Instrumente sowie Zubehör für Freunde irischer Musik.
- 7 College St.
- Tel. 064/35755

****Killarney National Park** 15

Mittelpunkt des über 10 000 großen Killarney National Park ist **Muckross House.** Im Jahre 1843 erbaut, beherbergt das imponierende Herrenhaus heute das **Kerry Folklife Centre,** in dem Exponate und Handwerksdemonstrationen das Leben der Landbevölkerung in vergangenen Jahrhunderten beleuchten. Ein bemerkenswerter Wassergarten und die Ruine des Franziskanerklosters **Muckross Abbey** aus dem 15. Jh. mit sehenswertem Kreuzgang machen einen Besuch umso lohnender. (Muckross House tgl. 9–17.30, Juli, Aug. bis 19 Uhr; www.muckross-house.ie).

Bei Besuchern sehr beliebt sind **Fahrten mit der Pferdekutsche** durch den Park.

****Ring of Kerry**

Die 179 km lange Rundfahrt um die Halbinsel **Iveragh,** die auch als Ring of Kerry bekannt ist, erschließt eine der großartigsten Landschaften Irlands. Zumindest im Sommer, wenn unzählige Busse in derselben Richtung unterwegs sind, sollte man die Tour in **Killarney** beginnen und von dort in Richtung **Killorglin** fahren. So erspart man sich auf den engen Straßen manches Ausweichmanöver.

Die Straße N 70 führt an der Nordküste entlang zwischen kargen Hügeln auf der einen und dem Meer auf der anderen Seite. Einen kurzen

Gemütlich mit der Kutsche durch den Killarney National Park

TOP-TOUREN › Südwestirland › **Kenmare, Dingle Peninsula**

› Karte S. 80

Stopp sollte man in **Cahersiveen** einlegen, wo das Geburtshaus von Daniel O'Connell (1775–1847) steht, einem der wichtigsten Politiker der irischen Freiheitsbewegung.

Die nächste Sehenswürdigkeit ist das ****Skellig Experience Centre** auf dem mit dem Festland durch eine Brücke verbundenen **Valentia Island** 16 (März, April, Okt., Nov. nicht an allen Tagen geöffnet, Infos: Tel. 066/947 6306, sonst tgl. Mai, Juni, Sept. bis 18, Juli, Aug. bis 19 Uhr; www.skellig experience.com). Es erklärt die Natur und die Besiedelungsgeschichte der nur wenige Kilometer vor der Küste liegenden **Skellig Islands** 17. Auf den steilen und heute menschenleeren Eilanden lebten einst Mönche, jetzt sind sie ein Paradies für Seevögel. Die Klosterruine von *****Skellig Michael**, von der UNESCO zum Welterbe erklärt, gehört zu den besterhaltenen Zeugnissen aus frühchristlicher Zeit. George Bernard Shaw hat über diesen Ort gesagt, er gehöre nicht in unsere, sondern in eine Traumwelt. Besuchen kann man die meerumtosten Inseln nur in der Zeit zwischen Mai und Oktober, und auch dann nur bei gutem Wetter.

Zurück auf dem Festland, führt die Straße von Portmagee über den Coomakesta Pass und vorbei am **Staigue Stone Fort**, einer Ringfestung aus der Eisenzeit, in die Ortschaft **Sneem** mit ihren bunten Häuserfassaden. Bei ***Moll's Gap** und später ***Lady's View** genießt man nochmals herrliche Ausblicke – hier auf eine weite Moorlandschaft, dort über die Seen von Killarney.

Kenmare 18

Das lebhafte Städtchen Kenmare mit seinen pastellfarben getünchten Häusern dient vielen Touristen als Übernachtungsstopp bei der 179 km langen Umrundung des Ring of Kerry.

Hotels

Sheen Falls Lodge ●●●
Herrlich gelegenes Spitzenhotel, das höchsten Ansprüchen gerecht wird.
■ Tel. 064/664 1600
■ www.sheenfallslodge.ie

Rose Cottage ●–●●
Kleines B&B mit nur drei Zimmern in einem gemütlichen alten Häuschen.
■ The Square | Tel. 064/664 1330
■ www.kenmare.eu/rosecottage

**Dingle Peninsula 19

Weniger bekannt, aber vielleicht noch schöner als der Ring of Kerry, ist die Dingle-Halbinsel. Die Westseite des schmalen Landvorsprungs südlich des Dorfes Inch nimmt ein wunderbarer, 5 km langer Sandstrand ein. Bei Sonnenuntergang ist der Blick über das Meer an der Küste entlang bis hinaus zu den Blasket-Inseln atemberaubend.

Am Hafen des geschäftigen Ferien- und Fischerdorfes **Dingle** drängen sich Pubs, Restaurants und B&Bs. Die Attraktion ist der Delfin **Fungi**, der schon jahrelang im sauberen Wasser der Dingle Bay lebt. `Erstklass!`

Von Dingle aus führen zwei Straßen zu ganz besonderen Sehenswürdigkeiten. Die R 559 umrundet

Dingle Peninsula ‹ Südwestirland ‹ TOP-TOUREN

Zeitlos faszinierend in seiner Schlichtheit: das Gallarus-Oratorium

die Spitze der Halbinsel, den ***Slea Head**, der ungeachtet der vorgelagerten Inseln als westlichster Punkt Europas gilt. Vor Slea Head kommt man an **Ventry** mit seinem schönen geschützten Strand vorbei. Rund 7 km südwestlich des Orts erreicht man über einen ausgeschilderten Feldweg die Ruine von **Dunbeg Fort**, eine erstaunlich komplexe eisenzeitliche Festung direkt über dem Meer. Von diesem Küstenabschnitt aus fällt der Blick auf die eher bedrohlich wirkenden felsigen **Blasket Islands** im Meer. Von Dunquin oder Dingle kann man zu den seit 1953 unbewohnten Inseln übersetzen.

In **Ballyferriter** informiert das Corca Dhuibhne Regional Museum über die jüngere Geschichte der Region und die unzähligen Funde aus prähistorischer und frühchristlicher Zeit (Ostern, Juni–Sept. tgl. 10–17 Uhr, im Winter auf Anfrage, www.dingle-penisula.ie). So steht z. B. nur wenig außerhalb des Dorfs in der Klosterruine von Riasc (5. oder 6. Jh.) ein ornamentierter Stein, der als Vorläufer keltischer Hochkreuze gilt.

Besonders beeindruckend ist das frühchristliche ***Gallarus-Oratorium** östlich von Ballyferriter. Dabei ist das Gebetshaus gar nicht überwältigend groß oder reich verziert, im Gegenteil: Hier steht seit mehr als 1200 Jahren ein ästhetisch perfekter Bau, dessen schlichte Eleganz und dauerhaft wasserdichte Konstruktion noch heute Respekt verdienen.

Von Gallarus führt die gewundene Straße nach Dingle zurück und von dort über den ***Connor Pass**. Auf der Passhöhe (457 m) eröffnet sich der **schönste Ausblick über die** Halbinsel, u. a. auf den Mount Brandon und die weite Brandon Bay. Deren Ostseite bildet eine Landspitze mit Irlands längstem Sandstrand: ****Stradbally Beach** erstreckt sich über 19 km!

Hotel

Dingle Bay Hotel ●●–●●●
Kleineres Boutiquehotel an der Marina mit Bar und Restaurant. Helle, große Zimmer.
- Strand Street | Dingle
- Tel. 066/915 1231
- www.dinglebayhotel.com

Westirland

Das Beste!

- **Wandern** entlang der Steilküste von Moher › S. 104
- **Essen** wie im Mittelalter im Bunratty Castle › S. 103
- **Zu Fuß** durch die karge Landschaft von The Burren › S. 105
- **Livemusik** in einem der Pubs von Galway › S. 106
- **Mit dem Schiff** zu den Aran-Inseln › S. 109
- **Mit Auto und Fotoapparat** auf die Sky Road bei Clifden › S. 111

› Karte S. 100

12 Von Limerick an die Westküste ‹ Westirland ‹ TOP-TOUREN

In den Gaeltachts Westirlands wird noch im Alltag Irisch gesprochen – etwa in der freundlichen Stadt Galway, auf den Aran-Inseln und im rauen Nordwesten der Grafschaft Mayo. Spektakulär sind die 200 m ins Meer abfallenden Cliffs of Moher.

Was den irischen Westen für Eroberer lange Zeit uninteressant machte, zieht heute viele Reisende an: die dünn besiedelte, karge Landschaft mit zerklüfteten Küsten, insbesondere in der Provinz Connacht westlich der Loughs Corrib, Mask und Conn, aber auch die spröde Felslandschaft des Burren und die schroffen Klippen von Moher. Unverdorben sei die Region, heißt es oft, aber im Kontext der irischen Geschichte ist unverdorben gleichbedeutend mit arm. Wer heute die Gaeltachts – jene Gebiete, in denen hauptsächlich irisch gesprochen wird – im Westen von Galway und im Nordwesten der Grafschaft Mayo besucht, sollte daher auch bedenken, welche Opfer die Bevölkerung erbringen musste, um ihrer Heimat treu zu bleiben.

Touren in der Region

 Von Limerick an die Westküste

Tour-Übersicht:

Verlauf: Limerick › Bunratty Castle › Cliffs of Moher › Doolin › Aran Islands › The Burren › Dunguaire Castle › Lough Derg › Limerick

Dauer: 3 Tage
Praktische Hinweise:

- Der Parkplatz der Cliffs of Moher kostet 8 €. Wer Geld sparen und zudem eine herrliche Wanderung machen möchte, kann auf dem Klippenwanderweg von Doolin nach Liscannor zu den Cliffs laufen.

Die Steilküste der Cliffs of Moher

Tour-Start:

Auf dieser Rundfahrt kann man sowohl Kultur als auch Natur des irischen Westens erleben. Am ersten Tag fährt man von **Limerick** › S. 102 zum kantigen ****Bunratty Castle** › S. 103. Bei den spektakulären ****Cliffs of Moher** › S. 104 sollte man an der Steilküste entlangwandern. Nur so spürt man die Großartigkeit dieser einmaligen Landschaft. Nach der Übernachtung in **Doolin** › S. 105 geht es hinaus zu den ****Aran-Inseln** › S. 109. Für einen ersten Eindruck reicht ein Tag aus; wer den Aufenthalt ausdehnen möchte, kann dort übernachten. Die Verführung, länger zu bleiben, ist groß. Auch am dritten Tag braucht man in der faszinierenden, kargen Landschaft von ****The Burren** › S. 105 Zeit, um das

TOP-TOUREN › Westirland › 12 13 14

Touren in Westirland

Tour 12 Von Limerick an die Westküste Limerick › Bunratty Castle › Cliffs of Moher › Doolin › Aran Islands › The Burren › Dunguaire Castle › Lough Derg › Limerick

Tour 13 Von Galway nach Connemara Galway › Connemara N.P. › Clifden › Louisburgh › Croagh Patrick › Westport › Ashford Castle › Galway

Tour 14 Rundtour südlich von Sligo Sligo › Ballina › Belmullet/Mullet-Halbinsel › Westport › Newport › Achill Island › Knock › Sligo

Gesehene auf sich wirken zu lassen. Nach einem Besuch des trutzigen **Dunguaire Castle** (April–Anf. Okt. 10–16 Uhr), einst Treffpunkt von Literaten, führt der Weg zum **Lough Derg**. An dessen Ostufer entlang geht es zurück nach Limerick.

Von Galway nach Connemara

Tour-Übersicht:

Verlauf: Galway › Connemara N.P. › Clifden › Louisburgh › Croagh Patrick › Westport › Ashford Castle › Galway

Dauer: 2 Tage
Praktische Hinweise:
- In Galway darf nur gegen Bezahlung geparkt werden. Hinweisschilder stehen nur an den Stadteinfahrten, und wer diese übersieht bzw. ignoriert, für den wird der Aufenthalt teuer.

Tour-Start:

Die Kneipen von ***Galway** › S. 106 und die wilde Landschaft des Connemara National Park sind die beiden gegensätzlichen Höhepunkte dieser Rundfahrt. Trotzdem wird die Tour vor allem Natur- und Wanderfreunde begeistern. Der erste Tag ist ganz dem Gebiet von ***Connemara** › S. 110 mit seinen zahlreichen Wanderpfaden und dem ****Connemara National Park** › S. 111 gewidmet, einem der schönsten Naturschutzgebiete Irlands. Übernachtungsmöglichkeiten gibt es in **Clifden** › S. 111. Am zweiten Tag führt die Tour über **Louisburgh** › S. 113 zum ***Croagh Patrick** › S. 113, dem heiligen Berg der Iren. Seine Besteigung ist ein spezielles Erlebnis, besonders am letzten Sonntag im Juli, wenn sich Zehntausende Iren zu Ehren des Nationalheiligen auf den Weg machen.

Auf der Rückfahrt über ***Westport** › S. 113 und Castlebar bietet sich das überaus prunkvolle Luxushotel **Ashford Castle** (Tel. 094/ 9546003, www.ashford.ie) bei Cong für eine Teepause an.

Rundtour südlich von Sligo

Tour-Übersicht:

Verlauf: Sligo › Ballina › Belmullet/Mullet-Halbinsel › Westport › Newport › Achill Island › Knock › Sligo

Dauer: 2 Tage
Praktische Hinweise:
- Mullet ist nur dünn besiedelt. Nehmen Sie Proviant mit und achten Sie auf den Benzinstand.

Tour-Start:

Diese Rundfahrt führt in die entlegensten Teile Irlands. Ausgangspunkt ist die Provinzhauptstadt **Sligo** › S. 116, die vor allem für Literaturfreunde einen längeren Aufenthalt lohnt, wurde doch hier der Dichter William Butler Yeats geboren. Die erste Etappe führt über **Ballina** › S. 115 auf die Halbinsel

Mullet › S. 115. Die wenigen Einwohner, die hier leben, sprechen meist gälisch und sind durch ihre traditionelle Musik bekannt. Ein abendlicher Besuch in einem lokalen Pub ist sicher ein Erlebnis. Nach Übernachtung in *Westport › S. 113 ist *Achill Island › S. 115, mit dem Festland durch eine Brücke verbunden, wegen der schönen Strände einen Besuch wert. An der Strecke zurück nach Sligo liegt Knock › S. 115, einer der bedeutendsten Pilgerorte Irlands.

Unterwegs in Westirland

Limerick 1

Limerick, drittgrößte Stadt Irlands und wichtiges Zentrum des Bootstourismus auf dem Shannon, wurde bereits im 9. Jh. von den Wikingern gegründet. Lange war Limerick eine arme Stadt, doch in den letzten Jahren hat vor allem die Ansiedlung vieler multinationaler Firmen für wirtschaftlichen Aufschwung gesorgt.

Sehenswert ist das im 13. Jh. errichtete **King John's Castle** im Herzen des mittelalterlichen Stadtkerns auf King's Island. Weiter südlich erhebt sich die **St. Mary's Cathedral**.

Geht man weiter in südlicher Richtung über die Matthew Bridge, erreicht man das **Hunt Museum**, das im georgianischen Custom House am Charlotte's Quay untergebracht ist. Es zeigt die Sammlung des Archäologen John Hunt sowie wechselnde Ausstellungen (Mo–Sa 10 bis 17 Uhr, So 14–17 Uhr, www.hunt museum.com).

Durch die Einkaufsstraße O'Connell Street gelangt man zur **Limerick City Gallery of Art,** die eine umfangreiche Sammlung irischer Kunst vom 18. bis 20. Jh. beherbergt.

Erstklassig: Märchenhafte Schlösser und Burgen

- **Trim Castle,** malerisch in den Flussauen des River Boyne gelegen, dient immer wieder als Filmproduktionen als Kulisse – wie etwa 1995 bei »Braveheart«. › S. 65
- **Russborough House** wurde um 1750 für den späteren ersten Earl of Milltown erbaut. › S. 66
- Zu **Powerscourt Estate** gehört eine 20 ha umfassende wundervolle Gartenanlage mit fantastischen Ausblicken. › S. 66
- Eine Bilderbuchburg aus dem Mittelalter ist das trutzige **Bunratty Castle.** › S. 103
- **Dunluce Castle** auf einer Klippe hoch über dem Meer ist eine Ruine für romantische Gemüter. › S. 130

Info

Limerick Tourist Office
- Arthur's Quay
- Limerick City
- Tel. 061/317 522

Hotel

Absolute Hotel & Spa ●●
Zentral gelegenes modernes Hotel mit 99 Zimmern. Schöner Blick von der Restaurantterrasse über den Fluss.
- Sir Harry's Mall | Tel. 061/463 600
- www.absolutehotel.com

Restaurant

Azur Café and Brasserie ●–●●
Ein Hauch Frankreich in Limerick. Besonders die Fischgerichte sind beliebt, auch viele vegetarische Speisen. Nur abends, Mo geschl.
- 8 Georges Quay | Tel. 061/314 994
- www.azurcafebrasserie.ie

**Bunratty Castle

Das 1425 erbaute Bunratty Castle gilt als die am vollständigsten und authentischste erhaltene bzw. restaurierte mittelalterliche Burg Irlands. Allabendlich um 17.30 und 20.45 Uhr werden im Festsaal mittelalterliche Bankette veranstaltet, bei denen Besucher den Bunratty Singers lauschen und gutes Essen samt Wein und Honigmet genießen können.

Im angeschlossenen Freiluftmuseum, dem **Bunratty Folk Park**, bekommen Besucher einen Einblick

Der South Solar in Bunratty Castle, eines der Privatgemächer von Lord und Lady Gort, die die Burg im 20. Jahrhundert restaurieren ließen

TOP-TOUREN › Westirland › **Ennis, Cliffs of Moher**

› Karte
S. 100

in das irische Landleben des 19. Jhs. (ganzjährig tgl. 9.30–17.30 Uhr, www.shannonheritage.com; Bankette: Tel. 061/360 788).

Ennis ▫3

Der Hauptort des County Clare mit seiner kleinen, gemütlichen Innenstadt ist ein guter Ausgangspunkt für die Erkundung der Grafschaft, von der Steilküste bei Kilkee und Moher bis zur Karstlandschaft des Burren › **S. 105**.

Sehenswert im Ort sind auch die Ruinen des Franziskanerklosters **Ennis Friary**.

Hotel

Old Ground ●●–●●●
Kinderfreundliches, gepflegtes Stadthotel bei der Kathedrale in einem schönen historischen Bau.

- O'Connell St.
- Tel. 065/682 8127
- www.flynnhotels.com

Restaurant

Preacher's Pub ●●●
Geschmackvoll in eine ehemalige Klosterkirche integriertes Restaurant mit internationaler Speisekarte.
Tgl. mittags und abends geöffnet.
- Im Temple Gate Hotel | The Square
- Tel. 065/682 3300
- www.templegatehotel.com

Cliffs of Moher ▫4

Die 8 km langen und am höchsten Punkt 203 m senkrecht in den tosenden Atlantik abfallenden Klippen gehören zu den spektakulärsten Küstenabschnitten in Westeuropa und ziehen jedes Jahr fast 1 Mio. Besucher an. Von der brüchigen

Die dunklen Felsplateaus enden an den Cliffs of Moher abrupt in fast senkrecht abfallenden Steilwänden

Kante bietet sich ein ebenso ergreifender wie schwindelerregender Blick in die Tiefe. Gut zu sehen ist der schichtweise Aufbau aus Schiefer und Sandstein. Unten spritzt die Gischt, in den Felsnischen nisten Tausende von Seevögeln.

Das neue Besucherzentrum wurde komplett unterirdisch gebaut und informiert multimedial z.B. über die Geschichte der Cliffs of Moher (**Visitor Centre**, www.cliffsofmoher.ie; angeschlossen sind Restaurant, Café und Souvernirshop; tgl. ab 9 Uhr, Juli–Mitte Aug. bis 21 Uhr).

Wer möchte, kann von Liscannor bis Doolin oben an den Klippen entlangwandern und entkommt so dem Andrang der Massen.

Am Südende der Cliffs of Moher zieht sich der bei Surfern beliebte Strand zum **Hag's Head**.

Doolin 5

Doolin zählt zu den herausragenden **Zentren irischer Volksmusik**. Seine Pubs genießen wegen ihrer allabendlichen Livemusik einen legendären Ruf. Einen **Campingplatz** gibt es an Doolins Hafen, von wo im Sommer auch Fähren zu den Aran-Inseln › S. 109 ablegen (Doolin Ferries, Tel. 065/707 4455, www.doolinferries.com).

Hotel

Aran View House Hotel ●●
Das rosafarbene Hotel etwas außerhalb des Orts bietet den Charme eines Landhauses aus dem 18. Jh. inmitten der herrlichen Landschaft von The Burren.

■ Tel. 065/707 4061
■ www.aranview.com

Nightlife

Jeder Pub in Doolin bietet Livemusik. Zu nennen sind etwa:
■ **O'Connor's**
Hier ist auch das gute Essen erwähnenswert.
Fisher St. | Tel. 065/707 4168
www.gusoconnorsdoolin.com
■ **McGann's**
Roadford | Tel. 065/707 4133,
www.mcgannspubdoolin.com
■ **McDermott's**
Roadford
Tel. 065/707 4328
www.mcdermottspubdoolin.com

**The Burren 6

Nördlich und östlich von Lisdoonvarna fasziniert diese ungewöhnliche, karge Wildnis. Rund 1670 ha stehen als Nationalpark (www.theburren.ie) unter Schutz.

Aus porösem Kalkstein, der sich hier in Platten erstreckt, entstand eine für Irland einzigartige Landschaft kahler Felsanhöhen voll von Höhlen, aber ohne Oberflächenwasser. Nur **Aillwee Cave** im nördlichen Burren ist als Schauhöhle zugänglich.

In prähistorischer Zeit war die Landschaft noch weitgehend mit einer dünnen, bewachsenen Erdschicht bedeckt. Aber schon vor etwa 5000 Jahren kamen die ersten Siedler hierher, begannen zu roden und ihr Vieh zu weiden. Mit der Zeit legte die daraus resultierende Erosion den Fels bloß. Mehr als 60

Megalithgräber und fast 500 jungstein- und eisenzeitliche Ringanlagen hat man bisher in der Region entdeckt.

Das augenfälligste Monument ist ***Poulnabrone Dolmen** an der R 480, ein tischförmig angelegtes, ursprünglich mit Erde bedecktes Steingrab aus der Zeit um 3000 v. Chr., dessen massive Deckplatte über 2 × 3 m misst.

Dramatisch über einem Flusstal liegt das Steinfort ***Cahercommaun** aus dem 8. oder 9. Jh., das man vom Dorf Carran aus erreicht. In **Kilfenora** bietet das **Burren Display Centre** Wissenswertes zu Geologie, Archäologie, Flora und Fauna (Einführungsfilm mit deutschsprachigem Tonbandkommentar; Mitte März bis Mai, Sept., Okt. tgl. 10–17 Uhr, Juni–Aug. 9.30–17.30 Uhr; www.theburrencentre.ie).

Steinzeitgrabstätte: Poulnabrone Dolmen

Lisdoonvarna 7

Die wenigsten Urlauber, die auf dem Weg von den Cliffs of Moher nach Galway in Lisdoonvarna Halt machen, denken daran, im hübschen **Spa Wells Centre** (tgl. Juni bis Okt.) inmitten seines Parks das (z. B. bei Rheumabeschwerden empfohlene) Schwefelwasser zum Trinken oder Baden zu nutzen – dabei ist Lisdoonvarna das einzige medizinische Heilbad in ganz Irland.

Hotel

Sheedy's Country House ●●
Elf bequeme, individuell gestaltete Gästezimmer, viel Flair und ein gutes Restaurant (nur abends) mit moderner irischer Küche.
- Tel. 065/707 4026
- www.sheedys.com

*Galway 8

Viele Besucher finden in der knapp 70 000 Einwohner zählenden Stadt ihre Idealvorstellung von Irland verwirklicht: Die bis ins 16. Jh. zurückreichende Bebauung um den Hafen und in der Altstadt ist malerisch und weitgehend gut erhalten. Einen hervorragenden Ruf genießt die 1849 gegründete Universität (University College Galway), nicht zuletzt bei Studenten aus Kontinentaleuropa und Nordamerika.

Südlich der Stadt erstreckt sich die einzigartige Landschaft des **Burren** › S. 105, im Norden schimmert Lough Corrib, der größte See der Republik, inmitten von grünen Weiden zwischen Steinmauern; im

Galway ‹ Westirland ‹ TOP-TOUREN

Galway verführt mit viel Flair und attraktiven Geschäften zum Bleiben

Westen bieten **Connemara** › S. 110 und die **Aran-Inseln** › S. 109 wildromantische Atlantikküsten und tragen mit ihren Gaeltachts dazu bei, dass Galway als Zentrum für das Studium der irischen Sprache gilt.

Die Innenstadt von Galway ist für den Verkehr gesperrt (strenge Parkregelungen in der ganzen Stadt!). Das Zentrum lässt sich gut zu Fuß vom **Eyre Square** aus erkunden, dessen Grünanlage offiziell John F. Kennedy Memorial Park heißt.

Galways lebendige Musikszene genießt weithin einen guten Ruf. Doch bevor man sich für einen der vielen Musikpubs entscheidet, sollte man noch dem relativ neuen **City Museum** (Spanish Arch, www.galwaycitymuseum.ie; Di–Sa 10 bis 17 Uhr), der **Kathedrale** und dem **Nora Barnacle House** (8 Bowling Green, Tel. 091/564 743), in dem die Ehefrau von James Joyce gewohnt hat, einen Besuch abstatten.

Info

Tourist Information
- Forster St.
- Tel. 091/537 700
- www.galwaytourism.ie

Hotels

Ardilaun House ●●●
Ein riesiges Landhaus von 1840 mit Plüsch und Kristall in ruhiger Lage südlich des Zentrums.
- Taylor's Hill
- Tel. 091/521 433
- www.theardilaunhotel.ie

SEITENBLICK

Der Claddagh-Ring

Ein typisches Souvenir aus Galway ist der Claddagh-Ring, ein Symbol für Liebe und Freundschaft. Motiv des Rings sind zwei Hände, die ein Herz einschließen, über dem sich eine Krone befindet. Verheiratete tragen den Ring so, dass die Krone zur Hand zeigt, Ledige anders herum.

Hotel Meyrick ●●●
Großes, sehr vornehmes Stadthotel von 1845, aufwendig renoviert, mit Restaurants und eigenem Spa.
- Eyre Square
- Tel. 091/564 041
- www.hotelmeyrick.ie

The Heron's Rest ●●
Angenehmes B & B mit Blick auf den Hafen. Nur Mitte Mai–Sept. geöffnet.
- The Long Walk
- Spanish Arch
- Tel. 091/539 574
- www.theheronsrest.com

sleepzone ●
Modernes Hostel nahe dem Eyre Square mit Einzel- und Mehrbettzimmern, Küche für Selbstversorger und Internetcafé.
- Bothar Na mBan
- Tel. 091/566 999
- www.sleepzone.ie

SEITENBLICK

Austern satt
Die vielen guten Restaurants der Stadt bieten die berühmten Austern aus der Galway Bay an. Alljährlich im September, zu Beginn der Austernsaison, findet im kleinen Hafen Clarinbridge 11 km südlich von Galway ein **Oyster Festival** mit Wettbewerben im Öffnen und Essen von Austern statt. Am Ende des Monats wiederholt sich das Ganze über vier Tage in Galway selbst, mit ungleich größerem Besucherandrang, kostümierten Einheimischen, Tanzvorführungen, einem Rennen des Schankpersonals mit vollen Stoutgläsern etc. (www.galwayoysterfest.com).

Restaurants

Nimmo's Restaurant & Wine Bar ●●●
Im Cafe (●●) gibt's köstliche Sandwiches und kleine Mittagsgerichte, am Wochenende einen üppigen Brunch (10–15.30 Uhr); im Restaurant werden exzellente, allerdings recht hochpreisige Fischgerichte und recht gute Weine serviert (tgl. 18–22 Uhr).
- Spanish Arch
- Tel. 091/561 114
- http://ardbia.com

Conlon Seafood Restaurant ●
Eine gute Adresse für Gerichte mit Meeresfrüchten, von Austern bis Fish 'n' Chips. So nur abends geöffnet.
- 3 Eglinton St.
- Tel. 091/562 268

Shopping

Südlich des Eyre Square blieb inmitten des modernen Einkaufszentrums **Eyre Square Centre** ein Teil der mittelalterlichen Stadtmauer als »Medieval Street« erhalten. Am Ende der Mauer tritt man auf die William Street hinaus, die mit den Verlängerungen Shop Street, High Street und Quay Street durch den alten Stadtkern und zu interessanten Läden führt, z. B. **Zhivago** für irische Musik, **Eason's Bookshop, Kenny's Bookshop & Gallery** (eines der führenden Antiquariate Irlands mit Kunstgalerie) und zahlreiche Handarbeits- sowie Kunstgewerbeläden.

Nightlife

Aras na Gael
Dieses Kulturzentrum pflegt traditionelle Musik und Volkstheater in irischer Sprache.

- 45 Dominick St.
- Tel. 091/567 824

Tigh Neachtain
Freundliche Bar für Musikfreunde.
- 17 Cross St. | Tel. 091/568 820
- www.tighneachtain.com

Aran Islands

Die Inseln, die wie eine Barriere vor der Mündung der Galway Bay aufgereiht sind, bilden geologisch eine Fortsetzung des Burren-Massivs und scheinen nur aus Stein mit kleinen grünen Flecken zu bestehen.

Auf den bewohnten Inseln *Inis Mór* (englische Schreibweise: Inishmore; zu Deutsch: große Insel), *Inis Meáin* (Inishmaan; Mittelinsel) und *Inis Oírr* (Inisheer; Ostinsel) leben etwa 1500 Menschen, deren Muttersprache das Irische ist. Ein Auto braucht man dort nicht.

Selbst Inishmore, wo Kleinbusse fahren und man gegen ein geringes Entgelt einen Ponywagen samt Kutscher oder ein Fahrrad mieten kann, ist nur 13 km lang und nirgends breiter als 3 km.

Busausflüge mit mitteilsamen Fahrern bringen einen vom Hafen Kilronan zu den Sehenswürdigkeiten, etwa dem spektakulären **Dun Aengus**, einer massiven Steinfestung auf Klippen, die über 100 m tief ins Meer abfallen. Wer die Erbauer der Festung waren, ist ebenso unklar wie die Entstehungszeit: die Hypothesen reichen von 500 v. Chr. bis ins 8. Jh. n. Chr.

Im Gemeindesaal des Hafenorts **Kilronan** wird im Sommer mehrmals täglich der berühmte Dokumentarspielfilm »Man of Aran« von 1934 gezeigt. Der amerikanische Filmemacher Robert J. Flaherty ließ für Aufnahmen »aus dem Alltag«

Die Festung Dun Aengus sicherte einst die Küste der Insel Inishmore

eigens mehrere strohgedeckte Katen errichten, die noch heute in der Nähe des schönen Strands an der Bucht von Cill Mhuirbhigh (Kilmurvey) stehen.

Info

Tourist Information Office
- In Kilronan am Hafen
- Tel. 099/61263
- www.aranislands.ie

Verkehrsmittel

- **Flugverbindung:** Aer Árann, Tel. 091/593 034, www.aerarannislands.ie. Von Connemara Airport bei Inverin, 36 km westl. von Galway (zu allen drei Inseln, Flugzeit ca. 8–10 Min.).
- **Fährverbindungen:** von Galway bzw. Rossaveel in Connemara (Aran Island Ferries, Tel. 091/568 903, www.aranislandferries.com; im Sommer tgl. mehrfach nach Inishmore, 45 Min.), von Doolin (Doolin Ferries, Tel. 065/707 4455, www.doolinferries.com; tgl. mehrmals nach Inisheer, ca. 30 Min., im Sommer auch nach Inishmore). Es fahren auch Boote zwischen den einzelnen Inseln.

Hotel

Tigh Fitz ●
Einfache Übernachtung in einem 3-Sterne-Guesthouse. Vom Bett aus Blick aufs Meer.
- Killeany | Inis Mór
- Tel. 099/61213
- www.tighfitz.com

Shopping

Westlich des malerischen Fischerdorfs Roundstone befindet sich der unaufdringliche moderne Gewerbekomplex **Roundstone Musical Instruments**

SEITENBLICK

*Connemara

Ein Ausflug in das wilde Bergland von Connemara mit seinen Sümpfen und Mooren zählt zu den schönsten Erlebnissen, die Westirland zu bieten hat. Connemara heißt der Gaeltacht-Teil der Grafschaft Galway auf der Halbinsel westlich von Lough Corrib und Lough Mask. Der Name verkürzt das irische *Conmaicne-mara*, das etwas so viel wie »Stamm des Conmac am Meer« bedeutet – die legendäre Königin Maeve soll das Gebiet einem ihrer Söhne zugewiesen haben.

Da von Galway mehrere lohnende Routen nach **Clifden,** der »Hauptstadt von Connemara« und größten Ortschaft der Region, zur Wahl stehen, sollte man Abstecher von der jeweiligen Straße machen. Die N 59 ist die schnellste Verbindung von Galway nach Clifden. Sie führt vorbei an zahllosen kleinen Seen und den Gebirgszügen der **Maamturk Mountains** und der **Twelve Bens** (auf manchen Karten »Twelve Pins«) im Norden.

Man kann auch dem Nordufer der Galway Bay folgen und sich westlich von Inverin für ein paar Stunden (oder Tage) im Gewirr der schmalen Nebenstraßen und Fahrwege verlieren. In **Cashel** trifft man auf viktorianische Landhäuser, die als *sporting lodges* für Jagd- und Angelgesellschaften besserer Kreise gebaut wurden. Heute dienen sie als Hotels.

Connemara N.P., Clifden ‹ Westirland ‹ TOP-TOUREN

Im Connemara National Park

IDA Craft Centre, wo Flöten, Tin Whistles und Harfen hergestellt und zum Verkauf angeboten werden. Bei Kennern in aller Welt berühmt ist die Bodhran-**Werkstatt von Malachy und Anne Kearns,** die die begehrten irischen Trommeln in Handarbeit fertigen.

Connemara N.P.

Eines der ältesten und schönsten Naturschutzgebiete Irlands erstreckt sich nordöstlich von Clifden über ca. 2950 ha Torfmoor, Felsen und Heideland. Über die Besonderheiten des Connemara National Park informiert mit Schautafeln ein Besucherzentrum im Dorf **Letterfrack.** Im Juli/Aug. kann man sich mittwochs und freitags 2- bis 3-stündigen geführten Wanderungen anschließen (Tel. 095/41323; Park Visitor Centre März–Okt. tgl. geöffnet; www.connemaranational park.ie).

Clifden

Der um 1812 vom örtlichen Großgrundbesitzer John d'Arcy aus dem Boden gestampfte Ort hat im Gegensatz zu den Straßendörfern der Umgebung einen echten Mittelpunkt mit einem Marktplatz, von dem die Hauptstraßen abgehen. Clifden ist heute ein Touristenzentrum, gut versorgt mit Pubs, Restaurants und Läden, z.B. dem Bekleidungsgeschäft Millar's Connemara Tweed.

Die schöne Aussichtsstraße ★Sky Road führt vom Marktplatz als 13 km lange Schleife auf eine Landspitze, von deren Anhöhen man die Atlantikküste überblicken kann.

Info

Connemara Tourism
- The Square
- Tel. 095/22622
- www.connemara.ie

TOP-TOUREN › Westirland › **Kylemore Abbey**

› Karte
S. 100

In der Kirche von Kylemore Abbey

Hotels

Abbeyglen Castle ●●●

Erstklassig

Großzügige Zimmer und Suiten in einem Schloss aus Beton, das sich in den 1930er-Jahren ein Gentleman-Rennfahrer bauen ließ.
- Sky Road | Clifden
- Tel. 095/21201
- www.abbeyglen.ie

Cashel House ●●●

Tophotel mit Edelrestaurant und kleinem Privatstrand.
- Cashel
- Tel. 095/31001
- http://cashel-house-hotel.com

Zetland Country House ●●●

Auf einer Anhöhe mit schönem Ausblick, gemütliche Komfortzimmer.
- Cashel Bay
- Tel. 095/31111
- www.zetland.com

The Quay House ●●

Ein B & B zum Wohlfühlen: schöne Zimmer im ältesten Haus des Ortes.
- Beach Rd. | Clifden
- Tel. 095/21369
- www.thequayhouse.com

Ivy Rock House ●

Kleines B & B mit Meerblick.
- Letterdyfe (ca. 2 km von Roundstone)
- Tel. 095/35872
- www.ivyrockhouse.com

Restaurants

Mitchells Seafood Restaurant ●●

Die Spezialitäten verrät der Name. So und Nov.–April geschl.
- Market St. | Clifden
- Tel. 095/21867

E.J. King's ●

Meist voller Pub, anständiges Essen, im Sommer Folkmusik. Bei Sonne kann man draußen am Dorfplatz essen.
- The Square | Clifden
- www.ejkings.com

Kylemore Abbey 12

Östlich von Letterfrack sieht man von der Hauptstraße N 59 aus die imposante Kylemore Abbey. Der 1866 als Landsitz für den Kaufmann und Politiker Mitchell Henry errichtete neugotische Bau beherbergt seit 1922 ein Benediktinerinnenkloster mit Mädchenpensionat. Teile der Anlage und der Gärten sind im Sommer zugänglich (Visitor Centre, Kapelle, Kirche, Walled Garden April–Okt. tgl. 9–17.30, Juni bis Aug. bis 19, sonst meist 11–16 Uhr; www.kylemoreabbeytourism.ie).

Louisburgh 13

Durch das wildromantische Tal mit dem langgestreckten »schwarzen See« Doo Lough erreicht man das schmucke Dorf Louisburgh mit seinen Häuserreihen aus dem 18. Jh. Das örtliche **Granuaile Visitor Centre** (Juni–Sept. tgl. 10–18 Uhr) erzählt die Geschichte der Piratin Grace Ó Malley und zeigt auch eine Ausstellung zur Hungersnot des 19. Jhs. *(erstklassig)*

In der Umgebung von Louisburgh gibt es mehrere ausgedehnte und meist leere **Sandstrände**, z. B. Old Head, Bertra Strand und Carrowniskey Strand, von denen aus man die felsige **Clare Island** in der Clew Bay aufragen sieht.

Ausflug nach *Clare Island 14

Von Roonah Quay westlich von Louisburgh setzen Boote in etwa 25 Min. zur Clare Island über, die großartige Ausblicke eröffnet. Heute leben auf der etwa 2000 ha großen Insel in der Clew Bay noch ca. 140 Menschen.

Der **Festungsturm** am Inselhafen von Clare gehörte einst zum Hauptquartier der berühmten Freibeuterin Granuaile oder Grace Ó Malley, die ab Mitte des 16. Jhs. die ganze Küste beherrschte und Stützpunkte auf den Inseln Caher, Inishturk und Inishboffin unterhielt.

SEITENBLICK

Irish Famine Museum

Ausführliche Informationen zu dem bedrückenden Thema der großen Hungersnot bietet das Irish Famine Museum auf dem Landsitz Strokestown Park House, ca. 120 km östlich von Louisburgh (Strokestown, Co. Roscommon, Tel. 071/963 3013, Mitte März–Okt. tgl. 10.30–17.30, Führungen um 12, 14.30 und 16, im Winter 10.30–16 Uhr; www.strokestownpark.ie).

*Croagh Patrick 15

Über 80 % der Iren sind Katholiken. Entsprechend wichtig sind ihnen Pilgerfahrten. Östlich von Louisburgh erhebt sich Irlands berühmter Pilgerberg Croagh Patrick (www.croagh-patrick.com), der das ganze Jahr über von Gläubigen erklommen wird. Hier soll im Jahr 441 der Nationalheilige Patrick 40 Tage lang gebetet und gefastet haben. Um an dieses Ereignis zu erinnern, pilgern am letzten Sonntag im Juli Zehntausende Iren hierher und besteigen den 762 m hohen Berg.

*Westport 16

Der Ort wurde im späten 18. Jh. vom Architekten James Wyatt quasi als dekorative Beigabe zum Herrenhaus des Marquis von Sligo angelegt. Wyatt ließ den Fluss Carrowbeg kanalisieren, der nun den »Mittelstreifen« der malerischen Hauptstraße The Mall bildet. Rund um den aus naheliegenden Gründen The Octagon genannten Platz und an der Bridge Street findet man viele Läden, Pubs und Cafés.

TOP-TOUREN › Westirland › **Westport** › Karte S. 100

Westport House, 1730 von Richard Castle auf den Resten eines älteren Hauses erbaut, zeigt in eleganten Räumen Kollektionen von englischer und irischer Kunst, Porzellan und Kristallglas. Auf dem Gelände locken ein Zoo und weitere Attraktionen (Haus und Gärten: Juni–Aug. tgl. 10–18 Uhr, sonst bis 16 Uhr; www.westporthouse.ie).

Info

Tourist Information Office
- James St.
- Tel. 098/25711

Hotel

Augusta Lodge ●●
Gemütliches Guesthouse, in dem Familien mit Kindern willkommen sind. Eigenes Putting Green für Golfer.
- Golf Links Rd.
- Tel. 098/28900
- www.augustalodge.ie

Restaurant

Quay Cottage ●●
Sorgsam zubereitete modern-irische Gerichte in ruhigem, gepflegtem Restaurant. Nur abends geöffnet, Reservierung ratsam, Sa–Mo geschl.
- The Quay | Tel. 098/26412
- www.quaycottage.com

Nightlife

Matt Molloy's Bar
Gehört dem Flötenspieler der berühmten Folkgruppe The Chieftains; naturgemäß spielt traditionelle Musik hier eine große Rolle.
- Bridge St. | Tel. 098/26655
- www.mattmolloy.com

SEITENBLICK

»Traditional« oder »Folk«?

Die irische Volksmusik ist voller Kontroversen. Das beginnt mit der Unterscheidung zwischen *traditional music* und *folk music*. Strenge Traditionalisten trennen zwischen instrumentalen Airs und Tanzweisen einerseits und unbegleitetem Gesang andererseits, wobei für die Airs und Tänze meist *Uilleann pipes* (Dudelsack mit Blasebalg), *fiddle* (Geige) und *flute* (Querflöte) verwendet werden, oft auch als Soloinstrument. Viel Wert legt man auf regionale Eigenheiten: In Clare wird das Spiel der Ziehharmonika und der *tin whistle* (Blechflöte) besonders gepflegt; die *fiddle*-Spieler von Donegal rühmen sich ihres fließenden melodischen Stils, während man in Sligo aufwendigere Verzierungen und rhythmische Sprünge bevorzugt.

Mit dem, was man in Dublin oder Killarney im Sommer im Pub als *folk music* zu hören bekommt, hat das alles auf den ersten Blick nur wenig zu tun. Hier kommen Instrumente wie Gitarre, Busuki, Banjo oder gar Synthesizer zum Einsatz. Doch als die irische Volksmusik Mitte des 20. Jhs. Gefahr lief, in Vergessenheit zu geraten, musste sie aus neuen Quellen Kraft schöpfen. Als dann die Clancy Brothers mit ihren in den USA überaus erfolgreichen Rebellen- und Trinkliedern in der Gruppe »The Dubliners« Nachahmer fanden, war der Bann gebrochen – die irische Volksmusik wurde erneut von einer breiten Öffentlichkeit wahrgenommen.

Die katholische Kathedrale überragt Newport

Knock 17

Jährlich zieht es über 1 Mio. Pilger in das kleine Dorf an der N 17 mit dem zweitgrößten Flughafen Irlands, den das Dorf der Sturheit des örtlichen Pfarrers verdankt. Knock ist ein Zentrum der Marienverehrung; die Basilika bietet 12 000 Gläubigen Platz. Inzwischen hat die katholische Kirche die Marienerscheinung aus dem Jahr 1879 als Wunder anerkannt.

Erstklassig

Newport 18 und *Achill Island

Newport ist in Irland als Anglerzentrum bekannt. Wer sich nicht zu den Petrijüngern zählt, wird sich aber lieber die Ruine der Burrishoole Abbey, eines 1486 gegründeten Dominikanerklosters in romantischer Lage am Ufer der Newport Bay, ansehen wollen.

Die mit dem Festland durch eine Brücke verbundene *Achill Island lohnt einen Besuch wegen der herrlichen Ausblicke, der Berglandschaft im Inneren und der schönen Strände (vor allem bei Keel, Keem und Dooagh). Sehenswert ist auch das verlassene Dorf von Slievemore.

Mayos Nordwesten

Wer für raue Atlantikküsten schwärmt, sollte den Besuch der meist einsamen und windigen Landschaft **Erris** im Nordwesten der Grafschaft Mayo nicht versäumen.

Ebenso sehenswert ist die dramatische Felsenküste bei *Benwee Head (bei Glenamoy von der R 314 abbiegen). Der Ort **Belmullet** 19 auf der Landenge zur hammerförmigen Halbinsel **The Mullet** mit ihren leeren, flachen Stränden wirkt recht abgeschieden, so wenig ist er auf Urlauber eingerichtet. Nur im August zum Jahrmarkt kommen Auswanderer aus aller Welt in die alte Heimat.

Landeinwärts fährt man durch endlose Torfmoore nach **Ballina** 20. Das größte Städtchen (ca. 10 000 Einw.) im County Mayo ist ein bekannter Anglerstützpunkt: Lachse werden gar mitten im Ort

Erstklassig

TOP-TOUREN › Westirland › **Sligo**

aus dem Fluss Moy geangelt (Forellen im Lough Conn).

Bei Ballycroy wurde ein großes Stück Moor als **Ballycroy National Park** 21 ausgewiesen.

Info

Ballina Tourist Information Office
- Cathedral Road
- Tel. 096/70848
- www.discoverballina.com.

Sligo 22

Der Hauptort der gleichnamigen Grafschaft ist eine Einkaufsstadt mit angenehmer Atmosphäre. William Butler Yeats, der Dichterfürst des »Celtic Twilight«, verbrachte hier einen Teil seiner Kindheit und kehrte später immer wieder nach Sligo zurück. Seinem Wunsch gemäß liegt er in Drumcliff begraben, am Fuß des eindrucksvollen Tafelbergs Benbulben.

Im **Yeats Memorial Building** mit der Sligo Art Gallery (Hyde Bridge, www.yeats-sligo.com) findet die »Yeats International Summer School« statt, zu der alljährlich Literaturwissenschaftler und Studenten aus aller Welt anreisen. Auch im **Sligo County Museum** (Stephen St., Mo–Fr) ist der mit Memorabilien, Manuskripten und Erstausgaben seiner Werke gefüllte Yeats Room die Hauptattraktion.

Sligo Abbey, eine Klosterruine mit schönen Steinmetzarbeiten, birgt einen Hochaltar aus dem 15.Jh. (Ende April–Mitte Okt. tgl. 10–18, sonst Fr–So 9.30–16.30 Uhr; www.heritageireland.ie).

Info

Tourist Information Office
- Temple St. | Tel. 071/916 1201
- www.sligotourism.ie

Hotels

The Glasshouse ●●●
Erstklassiges Designhotel mit über 100 Zimmern, interessanter Bau mit großen Glasflächen.
- Swan Point | Tel. 071/919 4300
- www.theglasshouse.ie

Yeats Country Hotel ●●●
Landestypisch gebaut, unter den fast 100 Zimmern auch große Famillienzimmer, Spa und Restaurant. Kidsclub für kleine Gäste, Golf für die Eltern.
- Rosses Point Rd. (ca. 3 km nördlich)
- Tel. 071/917 7211
- www.yeatscountryhotel.com

Restaurant

Le Montmartre ●●
Kontrapunkt zum rustikalen Idyll: modern und licht. Französische Küche aus lokalen Produkten. Reservieren! So und Mo geschl.
- Market Yard | Tel. 071/916 9901

Pubs

Hargadon's
Eine wahre Institution seit 1908. Inzwischen mit Tapas-Bar.
- O'Connell St. | Tel. 071/915 3709

McLynn's
Beliebter Musikpub.
- Old Market St.
- Tel. 071/914 2088

Dunluce Castle liegt spektakulär an der Küste Nordirlands

Der Norden

Das Beste!

- **Giant's Causeway:** 36 000 Basaltsäulen, oder der Damm, den ein Riese bauen wollte › S. 128
- **Wall Murals in Belfast:** Zeugen aus der Zeit der politischen Unruhen zwischen Protestanten und Katholiken › S. 125
- **Dunluce Castle:** eine romantische Ruine hoch über dem Meer › S. 130
- **Rossnowlagh:** einer von vielen malerischen Stränden in Donegal › S. 134

TOP-TOUREN › Norden › ⓯ Von Belfast zum Lough Neagh

› Karte S. 120

Dramatische Küsten, idyllische Seen und der Giant's Causeway als Höhepunkt bieten unvergessliche Landschaftserlebnisse. Seit dem Ende der Unruhen sind auch die Städte Nordirlands, allen voran Belfast und Derry, neu aufgeblüht.

Bis vor wenigen Jahren mieden die meisten Touristen Nordirland, doch inzwischen kann das ganze Land wieder gefahrlos bereist werden. Zu gewalttätigen Auseinandersetzungen kann es zwar gelegentlich immer noch kommen, doch richten diese sich nicht gegen Touristen und touristische Attraktionen.

Dramatische Felsküsten und schroffe Berge, bewaldete Hügel und labyrinthische Seenlandschaften machen den Norden zum unvergesslichen Erlebnis. Niemand wird am Giant's Causeway vorbeisteuern, aber auch Lough Erne, Castle Coole oder die Stadt Derry könnten zu unvergesslichen Höhepunkten einer Fahrt durch den irischen Norden werden. Angler zieht es an die kleineren und größeren Seen im Landesinneren.

Touren in der Region

 Von Belfast zum Lough Neagh

Tour-Übersicht:

Verlauf: Belfast › Mt. Stewart › Portaferry › Dundrum Castle › Lough Neagh › Ardboe › Belfast

Dauer: 1–2 Tage
Praktische Hinweise:
- Fährbetrieb von Portaferry zum Festland Mo–Fr 7.45–22.45 Uhr, Sa 8.15–23.15 Uhr, So, Fei 9.45 bis 22.45 Uhr.

Tour-Start:

Die Rundfahrt beginnt mit einem Abstecher auf die östlich von *Belfast › S. 122 gelegene ruhige **Ards Peninsula** › S. 126, die für ihr mildes Klima bekannt ist. Besonders sehenswert ist der Landsitz **Mount Stewart House** › S. 127 mit herrlichem Garten. Danach geht die Fahrt weiter nach **Portaferry** › S. 127, wo es Übernachtungsmöglichkeiten gibt. Eilige können direkt nach Belfast zurückkehren und die Rundfahrt als Tagestour absolvieren. Alle anderen setzen am zweiten Tag von Portaferry mit der Autofähre nach Strangford über und fahren von dort am Meer entlang oder über Downpatrick zur mächtigen Ruine von **Dundrum Castle** (April–Mitte Sept. Di–So 10–17, sonst 12 bis 16 Uhr, Nov.–Feb. nur So geöffnet, Eintritt frei). Weiter geht es zum **Lough Neagh** › S. 128, an dessen Ufern vor allem das Hochkreuz von

Nördlich von Belfast Derry/Nordwesten ‹ Norden ‹ TOP-TOUREN

Ardboe › S. 128 einen Besuch wert ist. Über Antrim führt die Tour schließlich zurück nach Belfast.

 ## Rundtour nördlich von Belfast

Tour-Übersicht:

Verlauf: Belfast › Ballycastle › Giant's Causeway › Portrush/ Portstewart › Downhill Estate › Dunluce Castle › Bushmills › Lough Neagh › Belfast

Dauer: 3 Tage
Praktische Hinweise:
- Für die ersten beiden Übernachtungen eignen sich die Ferienorte Portrush und Portstewart gut. Von dort ist es nicht weit zu den Sehenswürdigkeiten Dunluce Castle, Bushmills Distillery und Giant's Causeway.
- Ideal sind Portrush und Portstewart als Standorte auch, wenn man die Tour Richtung Derry verlängern will.

Tour-Start:

Diese Rundfahrt führt von der Hauptstadt ***Belfast** › S. 122 die Küste entlang Richtung Norden bis **Ballycastle** › S. 128. Unterwegs passiert man **Carrickfergus** mit seiner 800 Jahre alten Küstenfestung. Schon kurz vor dem Höhepunkt des ersten Tages, dem *****Giant's Causeway** › S. 128, verlocken die schwankende Hängebrücke von **Carrick-a-rede** (Vorsaison tgl. 10–17, Sommer bis 18 Uhr; www.walkni.com) oder auch der lange Sandstrand von **Whitepark Bay** zu einem Stopp. Die Badeorte **Portrush und Portstewart** › S. 129 laden mit ihren langen Sandstränden zu Spaziergängen ein. Ganz Abgehärtete können sich auch ins kalte Meer wagen. Von Portstewart aus lohnt sich zudem ein Ausflug zum ***Downhill Estate** › S. 129.

Am zweiten Tag steht ein Besuch des romantisch an einer Klippe gelegenen ****Dunluce Castle** › S. 130 und der v. a. für Whiskeyliebhaber interessanten **Bushmills Distillery** › S. 129 auf dem Programm. Die Rückfahrt nach Belfast am dritten Tag führt über **Colerane**, einen Verkehrsknotenpunkt, und den großen See **Lough Neagh** › S. 128, wo sich ein Abstecher zum ****Ardboe Cross** lohnt.

 ## Von Derry in den Nordwesten

Tour-Übersicht:

Verlauf: Derry › Malin Head › Grianan of Aileach › Rathmullan › Glenveagh N.P. › Donegal › Ulster American Folk Park › Strabane › Derry

Dauer: 3 Tage
Praktische Hinweise:
- Auf dieser Fahrt wechselt man von Nordirland in die Republik Irland. Die Grenze bemerkt man aber nicht – Kontrollen gibt es schon lange nicht mehr. Allerdings: Während in Nordirland mit Pfund bezahlt wird, akzeptiert man in der Republik Irland nur den Euro.

Tour-Start:

Diese Tour führt in den entlegenen Nordwesten der irischen Insel. Am Ausgangsort ***Derry** › S. 130 wird man noch einmal mit dem politischen Konflikt zwischen Katholiken und Protestanten in Nordirland konfrontiert – die aggressiven »Wall Murals« aus der Zeit der Unruhen sind dort noch immer zu sehen. Dann aber geht es hinaus in die Natur: man verlässt Derry in Richtung Norden, fährt über die Grenze in die Republik Irland hinein und weiter auf der Halbinsel Inishowen bis **Malin Head**, dem nördlichsten Punkt der ganzen Insel.

An der Strecke zurück Richtung Süden nach **Rathmullan** › S. 137, dem Etappenziel des ersten Tages, liegen das sehenswerte Rundfort **Grianan of Aileach** › S. 137 sowie Let-

Touren im Norden

Tour 15

Von Belfast zum Lough Neagh

Belfast › Mt. Stewart › Portaferry › Dundrum Castle › Lough Neagh › Ardboe › Belfast

Tour 16

Rundtour nördlich von Belfast

Belfast › Ballycastle › Giant's Causeway › Portrush/Portstewart › Downhill Estate › Dunluce Castle › Bushmills › Lough Neagh › Belfast

Tour 17

Von Derry in den Nordwesten

Derry › Malin Head › Grianan of Aileach › Rathmullan › Glenveagh N.P. › Donegal › Ulster-American Folk Park › Strabane › Derry

terkenny › S. 137, die größte Stadt im Nordwesten der Republik Irland.

Der zweite Tag ist dem bei Wanderern äußerst beliebten *Glenveagh National Park › S. 136 gewidmet, wo man vielleicht einen der hier sehr zahlreichen Rothirsche zu Gesicht bekommt. Entlang der Küste führt die Tour dann nach **Donegal** › S. 134, das mehrere Übernachtungsmöglichkeiten und in der Umgebung sehr schöne Strände bietet. Bevor man am dritten Tag nach Derry zurückfährt, lohnt sich ein längerer Besuch im *Ulster-American Folk Park › S. 132, vor allem, wenn man sich für die irische Auswanderungsgeschichte interessiert. Ebenso lohnend ist ein Besuch in **Strabane** › S. 132, der sich mit einem Ausflug in die *Sperrin Mountains › S. 132 verbinden lässt.

Unterwegs im Norden

*Belfast 1

Die nordirische Hauptstadt ist die einzige echte Industriestadt der irischen Insel und hat mehr Gemeinsamkeiten mit Manchester oder Glasgow als mit Dublin.

Kaum bekannt ist die wunderschöne Lage Belfasts: Im Norden und Westen erstrecken sich Hügelketten, und im Osten der Innenstadt schmiegen sich die Häuser an den Fluss Lagan, der in den Belfast Lough mündet.

Zahlreiche Kneipen und Einkaufsmöglichkeiten locken Besucher an. Der Aufschwung ist durchaus greifbar, doch merkt man der Stadt die Jahrzehnte des Stillstands immer noch an.

Am Donegall Square

Der im Stadtzentrum gelegene Platz mit der viktorianischen Prunkarchitektur der **City Hall** A und den ringsum aufgestellten Statuen von Queen Victoria und den Helden ihrer Zeit erinnert an Plätze in Glasgow oder Manchester. Das Rathaus von Belfast (erbaut 1896) kündet vom Selbstbewusstsein der Großbürger, die damals den führenden Industriestaat ihrer Zeit beherrschten. Dieses Selbstbewusstsein spiegelt sich auch in den Innenräumen wider.

SEITENBLICK

Aus der Stadtgeschichte

Im 17. Jh. kamen protestantische Engländer und Schotten ins katholische Belfast. Ihnen folgten die Hugenotten, die die einheimische Textilindustrie begründeten. Im 19. Jh. entwickelte sich der Maschinen- und Schiffsbau: Harland & Wolff, lange eine der größten Werften der Welt, baute u. a. die »Titanic«. Die protestantisch dominierte Politik und Wirtschaft löste unter Katholiken steigenden Unmut aus, und ab 1968 berichteten alle Medien über Anschläge in Belfast. Doch selbst auf dem Höhepunkt der »Troubles« ist hier nie ein Tourist umgekommen. Inzwischen findet Belfast langsam wieder zum normalen Leben zurück.

Picknick vor Belfasts prächtiger City Hall

Die City Hall wird flankiert von den Versicherungspalästen Scottish Provident Building und Pearl Assurance Building mit ihren extravaganten Fassaden (Ende 19. Jh.).

Wer sich eingehender mit der jüngeren Geschichte der Stadt beschäftigen möchte, sollte die 1864 erbaute *Linen Hall Library ❷ im Nordwesten des Donegall Square aufsuchen. Die Bibliothek mit getäfeltem Lesesaal samt Café sammelt u. a. alle Bücher und Zeitungsausschnitte über die »Troubles« (Mo bis Fr 9.30–17.30 Uhr, Sa bis 16 Uhr, www.linenhall.com).

- ❶ City Hall
- ❷ Linen Hall Library
- ❸ Albert Memorial Clock Tower
- ❹ Custom House
- ❺ Grand Opera House
- ❻ The Crown Liquor Saloon
- ❼ Queen's University
- ❽ Botanic Gardens

Zwischen Cornmarket und River Lagan

Nördlich des Donegall Square ist ein ganzes Viertel um den Cornmarket in eine Fußgängerzone umgewandelt worden. **The Entries** heißen die engen Gassen, in denen früher Handwerker ansässig waren. Heute wird das Bild von den vielen Pubs geprägt, darunter auch Belfasts ältestem, **White's Tavern** in der Winecellar Entry, wo man seit 1630 ein gepflegtes Bier trinkt. Am Nordostende der High Street steht der **Albert Memorial Clock Tower** C, dessen Unterbau langsam absackt, weshalb der 1865 errichtete Glockenturm nicht mehr betreten werden darf. Beim **Custom House** D (1854–1857) mit seiner imposanten Fassade ist der Fluss Lagan erreicht. Ganz in der Nähe des **Lagan Lookout Visitor Centre** weist die Monumentalskulptur **Big Fish** von John Kindness auf die Rückkehr der Lachse in den Lagan hin, dessen Wasserqualität in den vergangenen Jahren stetig verbessert wurde.

Grand Opera House und *The Crown Liquor Saloon

Entlang des College Square Richtung Süden, vorbei an viktorianischen Gebäuden, trifft man auf das **Old Museum**, Irlands ältesten Museumszweckbau von 1830, der heute ein Kulturzentrum samt Theater beherbergt. Etwas weiter folgt das **Grand Opera House** E (www.goh.co.uk), ein Gebäude von 1897 mit Zwiebeltürmchen, in dem Opern, Musicals und Theaterstücke aufgeführt werden.

Der meistfotografierte Pub in Belfast ist *The Crown Liquor Saloon F (www.crownbar.com). Seine reich verzierte Fliesen- und Glasfassade sowie die Inneneinrichtung stehen unter Denkmalschutz, das Bier strömt wie eh und je. Ihm gegenüber liegt das **Hotel Europa**, wo in den 60er- und 70er-Jahren des 20. Jhs. vor allem Journalisten übernachteten, die über den Nordirlandkonflikt berichteten. Um sich in der Presse Geltung zu verschaffen, zündeten protestantische wie katholische Terroristen ihre Bomben mit Vorliebe hier.

Erst-klassig

The Crown Liquor Saloon ist eine Institution in Belfast

Universitätsviertel

Hinter dem Shaftesbury Square sollte man kurz vom direkten Weg nach Süden abbiegen, um sich in Lower Crescent/Crescent Gardens/Upper Crescent die klassizistischen Bürgerhäuser aus der ersten Hälfte des 19. Jhs. anzusehen. Das Hauptgebäude der **Queen's University** G wurde von Charles Lanyon entworfen, dem Architekten der Linen Hall Library › S. 123 und des Custom House › S. 124.

Südlich der Uni erstrecken sich die attraktiven ***Botanic Gardens** H, aus deren Grün sich anmutig die Umrisse des Palmenhauses erheben. Das Gebäude zählt zu den frühesten Konstruktionen aus gewölbtem Glas und Gusseisen in Europa (Öffnungszeiten Gärten: Mitte April–Mitte Aug. tgl. 7.30–21 Uhr, sonst kürzer, Gewächshäuser: April–Sept. 13–17 Uhr, sonst 13 bis 16 Uhr).

Außerhalb des Stadtzentrums

Cave Hill nördlich von Belfast (Bus Nr. 45 ab Donegall Square, hält auch beim Zoo) öffnet einen wunderbaren Blick über die Stadt. Am Südosthang liegen die Gärten von **Belfast Castle**, ebenfalls mit Panoramablick über die Stadt und ihre Umgebung.

Erstklassig

Stormont Estate (Upper Newtonards Rd.), südöstlich des Zentrums, war ursprünglich der Sitz des nordirischen Parlaments. Das repräsentative Gebäude aus Portlandkalkstein steht inmitten eines weitläufigen Parks (tgl. 7 bis mind. 17 Uhr, Mai–Aug. bis 21 Uhr).

SEITENBLICK

11 **Wall Murals

Die Zeit der »Troubles«, wie in Nordirland die bürgerkriegsähnlichen Unruhen Mitte der 60er- bis Ende der 90er-Jahre des 20. Jhs. genannt werden, ist zwar vorbei, doch bei einem Spaziergang durch die Wohngebiete in West-Belfast sind die Spannungen zwischen Katholiken und Protestanten noch heute greifbar.

In den Wohngebieten radikaler Protestanten und Katholiken legen *wall murals* – riesige Wandgemälde – Zeugnis von den damaligen Auseinandersetzungen ab, die mehr als 3500 Menschenleben gekostet haben. Die Wandbilder der Protestanten in der Shankill Road und ihrer Umgebung strotzen vor aggressiven Motiven. Kapuzenmänner mit Maschinengewehren sind in Siegerpose abgebildet, verurteilte Terroristen werden in großen Bildern als Helden verehrt. Im Vergleich dazu wirken die Wandgemälde der Katholiken in der Fall Road fast schon zurückhaltend, aber auch hier ist das Thema dasselbe: Hass und Aggression gegen die andere Volksgruppe.

Auf bedrückende Weise eindrucksvoll ist die »Belfast's Berlin Wall« am Cupar Way, welche die protestantischen von den katholischen Wohngebieten trennt. Inzwischen steuern die Stadtrundfahrtsbusse auf ihren Routen durch die nördlichen Viertel (Informationen: www.city-sightseeing.com).

TOP-TOUREN › Norden › **Belfast**

› Karte S. 123

Infos

Belfast & Northern Ireland Welcome Centre
- 47 Donegall Pl.
- Tel. 028/9024 6609
- www.visit-belfast.com

Verkehrsmittel

- **Flughafen:** Belfast International Airport, 30 km westlich der Stadt: Flüge nach Kontinentaleuropa und London; Busverbindung ins Zentrum mit dem Airport Express 300 (www.belfastairport.com) Mo–Fr tagsüber alle 15 Min., sonst in größeren Abständen.
- **Bahnverbindungen:** Northern Ireland Railways (www.translink.co.uk; Fahrplaninfo: Tel. 028/9066 6630). Great Victoria Street Station – Stadtbahnhof mit Zubringer zur Central Railway Station, East Bridge St.
- **Metro-Stadtbusse:** Der Hauptknotenpunkt ist am Donegall Sqare West; Fernbusse verkehren ab Oxford Street Bus Station und Great Victoria Street Bus Station.
- **Fähren:** Seacat & Stena Line Ferry Terminal, Donegall Quay, Fähren nach Heysham und Troon (Tel. 0906/753 3451, www.directferries.co.uk). Liverpool Terminal, Fähren nach England. Larne, der Hauptfährhafen für Schottland, liegt 30 km nördlich von Belfast.

Hotels

Dukes at Queens ●●●
Modernes Hotel mit 23 schicken Zimmern im Univiertel.
- 65 University St.
- Tel. 028/9023 6666
- www.dukesatqueens.com

Ash Rowan ●●
Gehobene Pension südlich des Zentrums, mit viel Plüsch eingerichtet, nur fünf Zimmer.
- 12 Windsor Avenue
- Tel. 028/9066 1983
- ashrowan@hotmail.com

Eglantine Guest House ●
Sehr freundlich geführtes, kleines B & B in einer stiller Seitenstraße.
- 21 Eglantine Ave.
- Tel. 028/9066 7585

Restaurants

Deanes Restaurant ●●●
Gourmetküche aus Frankreich, Italien und Irland. Mittags wird auch schon ein leichter Lunch für 10 £ serviert.
- 36–40 Howard St.
- Tel. 028/9033 1134
- www.michaeldeane.co.uk
- So geschl.

Beatrice Kennedy ●●
Gemütliches Restaurant mit moderner internationaler Küche.
- 44 University Rd.
- Tel. 028/9020 2290
- www.beatricekennedy.co.uk

So auch mittags, sonst nur abends, Mo geschlossen.

Clements ●
Kaffeespezialitäten und Gebäck.
- 4 Donegall Square West (plus etliche weitere Filialen)

Pub

Kelly's Cellars
Bier, Folkmusik und Blues.
- 30/32 Bank St.
- Tel. 028/9024 6058

Shopping

Nordwestlich der Innenstadt liegt das Einkaufszentrum **Castle Court** und dahinter der **Smithfield Retail Market**, eine Ansammlung kleiner Läden.

Ards Peninsula 2

Die Ards-Halbinsel südöstlich von Belfast verführt zu langen Spaziergängen, z. B. im berühmten Landschaftsgarten von **Mount Stewart**, in dem ein interessant ausgestattetes Herrenhaus aus dem 19. Jh. steht (Gärten: ganzjährig tgl. ab 10 Uhr; Haus: Mitte März–Ende Okt. tgl. 10 bis 17 Uhr).

Sowohl entlang dem Strangford Lough als auch auf der Meerseite bieten sich vielfältige Möglichkeiten für Wassersportler. Doch auch Naturliebhaber kommen hier auf ihre Kosten: Im Naturschutzgebiet **Strangford Lough** lebt die größte irische Seehundkolonie, man sieht aber auch häufig Delfine und Grindwale. An der Südspitze der Halbinsel Ards liegt der gemütliche Ort **Portaferry**, ein beliebter Segelhafen.

Im Norden der Ards Peninsula steht die **Ballycopeland Windmill**, die einzige noch intakte Windmühle Irlands (Juli, Aug. tgl. 10–17 Uhr), und in **Greyabbey** kann man die Ruinen einer Zisterzienserabtei aus dem 12. Jh. besichtigen.

Info

Tourist Information Centre
- The Stables
- Castle St. Portaferry
- Tel. 028/4272 9882

Seehunde sind an der nordirischen Küste kein seltener Anblick

Hotels

Portaferry Hotel ●●
14 schmucke Zimmer und ein sehr gutes Restaurant (●●●) mit großem Fisch- und Meeresfrüchteangebot auf der Speisekarte.
- The Strand
- Tel. 028/4272 8231
- www.portaferryhotel.com

Adair's Bed & Breakfast ●–●●
Unauffällige, nette Unterkunft im Ortskern mit großem Familienzimmer. Üppiges Frühstück.
- 22 The Square
- Tel. 028/4272 8412

*Mountains of Mourne

Südwestlich des attraktiven Ferienorts **Newcastle** erheben sich majestätisch die wilden Mountains of Mourne mit anspruchsvollen Wanderwegen.

TOP-TOUREN › Norden › **Lough Neagh, Ballycastle, Giant's Causeway**   › Karte S. 120

Lough Neagh und **Ardboe

Der größte See der Britischen Inseln (400 km²) ist berühmt für seine Aale, die ab Mai von professionellen Fischern täglich zu Tausenden gefangen werden.

Am westlichen Ufer von Lough Neagh steht in den Ruinen der im 6. Jh. begründeten Klosteranlage von **Ardboe** eines der schönsten und besterhaltenen Hochkreuze ganz Irlands. Das im 10. Jh. kunstvoll aus Sandstein gemeißelte **Ardboe Cross** ist über 5 m hoch und mit Darstellungen von 22 Bibelszenen aus dem Alten (Ostseite) und Neuen Testament (Westseite) geschmückt.

Erst-klassig

Ballycastle

In dem kleinen Städtchen an der Nordostküste wird seit 1606 jeweils am letzten Montag und Dienstag im August ein Jahrmarkt abgehalten, die Ould Lammas Fair, die damit zu den ältesten Jahrmärkten Irlands gehört.

Die Einheimischen essen bei dieser Gelegenheit vor allem zwei traditionelle Leckerbissen: das als *yellowman* bekannte harte Sahnekonfekt und den gesalzen zum Essen aus der Hand angebotenen getrockneten Seetang *dulse*.

Info

Tourist Infromation Centre
- Sheskburn House
- 7 Mary St.
- Tel. 028/2076 2024

***Giant's Causeway

Etwa 38 000 meist sechseckige dunkle Basaltsäulen pflastern den Weg nach Schottland. Der Sage nach baute sich in grauer Vorzeit der Riese Fionn MacCumhail (Finn MacCool) aus Sehnsucht nach seiner Angebeteten eine Landbrücke zur Nachbarinsel. Tatsächlich finden sich auf der schottischen Insel Staffa ganz ähnliche Formationen.

Von Basaltlava, die vor 60 Mio. Jahren emporschoss, spricht indessen die geologische Erklärung im **Giant's Causeway Visitors Centre** (auch Filmvorführungen, außer in den Weihnachtsferien tgl. ab 9 Uhr, Tel. 028/2073 1855; www.national trust.org.uk/giants-causeway).

Die beeindruckende Anlage, von der UNESCO zum Weltnaturerbe erklärt, befindet sich ca. 1,5 km

Marktstand auf der Ould Lammas Fair in Ballycastle

vom nächsten Parkplatz entfernt und ist von dort nur zu Fuß oder per Zubringerbus (mit Rollstuhllift) erreichbar.

*Bushmills 6

In Bushmills wird in der weltweit ältesten Whiskeybrennerei gleichen Namens seit dem Jahr 1608 offiziell das berühmte »Lebenswasser« hergestellt. König Jakob I. gewährte damals eine Lizenz für die Herstellung von »Aquavite, Usquabagh und Aqua composite«.

Die heutige Technik des Lagerns in Eichenfässern und des Verschneidens wird schon seit ca. 200 Jahren gepflegt. Dass die Hausmarken gleich vor Ort gekostet werden können, versteht sich von selbst (ganzjährig tgl., Tel. 028/2073 3218, www.bushmills.com).

Portrush und Portstewart 7

Die beiden lebhaften Ferienorte eignen sich sehr gut als Standorte für die Erkundung der Region, denn außer Spielhallen und Fish-and-Chips-Buden gibt es hier auch schöne Unterkünfte und Läden sowie weite Strände.

Info

Tourist Information Centre
- Dunluce Centre
- Sandhill Drive
- Portrush
- Tel. 028/7082 3333
- www.northcoastni.com

Hotels

Strand House ●–●●
Gehobenes B & B mit äußerst geschmackvoll gehaltenen Zimmern. In Stadtrandlage nahe am Meer.
- 105 Strand Road | Portstewart
- Tel. 028/7083 1000
- www.strandguesthouse.com

Anvershiel House ●
B & B mit schönen, großen Zimmern, netten Gastgebern und einem Superfrühstück.
- 16 Coleraine Road | Portrush
- Tel. 028/7082 3861
- www.anvershiel.co.uk

Restaurant

Ramore ●–●●
Ein ganzer Komplex mit Bars und Restaurants, die asiatische, italienische & internationale Küche bieten.
- The Harbour | Portrush
- Tel. 028/7082 2430
- www.ramorerestaurant.com

Pub

Springhill Bar
Pub mit Livemusik.
- 17 Causeway St. | Portrush
- Tel. 028/7082 3361

Ausflug zum *Downhill Estate 8

Ein wahres Juwel aristokratischer Exzentrik ist an der Steilküste östlich von Portrush zu besichtigen. Downhill Estate, eine weitläufige Anlage mit verstreuten Ruinen, Denkmälern und Tempelchen, wurde 1774–1788 im Auftrag von Fre-

TOP-TOUREN › Norden › **Dunluce Castle, Derry**

› Karte
S. 120

Downhill Estate: Die Ruine des Hauptauses

derick Hervey Graf von Bristol gestaltet, der 1768 Bischof von Derry wurde.

Sie umfasst zwei reich verzierte Tore (das Bishop's Gate führt zum bewaldeten Park), einen Zier- und Küchengarten, das als Mausoleum bekannte Denkmal für einen Bruder des Grafen, die Ruine des Wohnhauses und den spektakulären kleinen Mussenden Temple auf einem Felsvorsprung über der Küste. (Estate ganzjährig zugänglich; Tempel und Bauten Mai–Sept. tgl. 10–17 Uhr, Tel. 028/2073 1582, www.nationaltrust.org.uk/downhill-demesne-and-hezlett-house).

****Dunluce Castle** ◉

Wirklich malerisch thront dieses Castle auf steilen Klippen über dem Meer, heute eine eindrucksvolle Ruine. Sie stammt aus dem 16. Jh., obwohl hier schon um 1300 auf den Resten früherer Festungen gebaut wurde (April–Sept. tgl. 10–18, Okt. bis März 10–17 Uhr; www.northcoastni.com/attractions/125/dunluce-castle).

***Derry** ◉

Die zweitgrößte Stadt Nordirlands (rund 100 000 Einw.) liegt nahe der Grenze an der Mündung des Flusses Foyle. Das alte Zentrum auf einem Hügel über dem Fluss umgibt seit Anfang des 17. Jhs. eine Stadtmauer. Ähnlich wie in Belfast sind Derrys Vororte streng nach der Religionszugehörigkeit ihrer Bewohner aufgeteilt. Den Mittelpunkt des Stadtkerns bildet der großzügige, quadratisch angelegte Hauptplatz **The Diamond,** von dem die **Shipquay Street** steil bergab zum Shipquay Gate am Fluss verläuft, mit einem modernen Einkaufszentrum und Durchgängen zu verwinkelten restaurierten Gassen mit kleinen Läden und Cafés zur Linken.

Die **St. Columb's Cathedral** (London St., 7–21 Uhr) wurde im 17. Jh. erbaut und im 19. Jh. viktorianisch-neugotisch umgestaltet. Sie ist das älteste Gebäude der Stadt und die erste Kathedrale, die nach der Reformation auf den britischen Inseln gebaut wurde.

Das sehr sehenswerte ***Tower Museum** beim Shipquay Gate hat sowohl für seine Ausstellungstechnik als auch für die gelungene Gegenüberstellung der unterschiedlichen Versionen der jahrhundertealten Stadtgeschichte mehrere Preise gewonnen (Di–Sa 10–17 Uhr).

Info

Tourist Information Centre
- 44 Foyle St.
- Tel. 028/7126 7284
- www.derryvisitor.com

Hotels

Beech Hill Country House ●●
Landhaus mit eigenem Park, 27 gut ausgestatteten Zimmern und erstklassiger Küche auf der Basis lokaler Produkte.
- 32 Ardmore Road
- Ardmore (5 km südöstl.)
- Tel. 028/7134 9279
- www.beech-hill.com

Saddler's House ●−●●
Viel gepriesenes, charmantes B & B, nur sieben schmucke Zimmer.
- 36 Great James St.
- Bogside (nördl. der Altstadt)
- Tel. 028/7126 9691
- www.thesaddlershouse.com

Restaurant

Brown's Bar & Brasserie ●●
Gute moderne Küche, lockere Atmosphäre. So und Mo geschl.
- 1 Bonds Hill
- Tel. 028/7134 5180

Shopping

- **Derry Craft Village** (Shipquay St.): nette Läden im Gassengewirr, z. B. Derry Crystal und Kunsthandwerk im Irish Shop oder Originalkostüme und -schuhe vom Irish Dancing Shop (www.irishdancingshop.com).
- **Austins** (Diamond): großes, berühmtes Traditionskaufhaus, auch So nachmittags geöffnet (www.austinsstore.com).

Nightlife

Dungloe
Junges Publikum und gute Atmosphäre bei Folk, Blues und Rock.
- 41–43 Waterloo St.
- Tel. 028/7126 7716
- www.thedungloebar.com

O'Donnells
Eine eher altmodisch-gemütliche Bar-Adresse, traditionelle Sessions.
- 63 Waterloo St.
- Tel. 028/7137 2318

SEITENBLICK

Derry oder Londonderry?

Derry kommt von irisch *Doire* (Eichenhain). Daraus wurde im Jahre 1613 *Londonderry*, nachdem König Jakob I. große Teile des Gebiets den Zünften der City of London überlassen hatte. Während der erbitterten Auseinandersetzungen der 60er- bis 80er-Jahre des 20. Jhs. war der Name der Stadt für alle Parteien politisches Programm, was in berühmten Wandbeschriftungen Ausdruck fand. Bei den Kommunalwahlen 1985 errangen die nationalistische SDLP und Sinn Féin eine Mehrheit im Stadtrat, und der Name wurde offiziell in Derry umgewandelt. Um jedoch die protestantische Bevölkerung nicht allzu sehr vor den Kopf zu stoßen, steht auf Broschüren z. B. des Fremdenverkehrsamts stets »Derry-Londonderry«. Hinzu kommt, dass die Grafschaft, deren Hauptort Derry ist, nach wie vor Londonderry heißt.

TOP-TOUREN › Norden › **Strabane, Ulster-American Folk Park**

› Karte S. 120

Strabane und *Sperrin Mtns.

Die Textilstadt **Strabane** 11 ist das Tor zu den Sperrin Mountains und bietet sich daher als Standort für Rundfahrten an.

Stolz ist man hier auf seine Kunstgalerien und die große moderne Skulptur mit dem Namen »Let The Dance Begin«. Obwohl v. a. die Herstellung von Leinen an Bedeutung verloren hat, werden hier weiter Hemden und Strumpfhosen produziert.

Im 18. und 19. Jh. war die Stadt auch ein Zentrum des Druckgewerbes mit zeitweise zwei Zeitungen und zehn Druckbetrieben. Besichtigen kann man die noch komplett eingerichtete historische Druckerei Gray's Printing Press (Main St., 028/8674 8210).

Unweit der Stadt ragen die tiefgrünen, bewaldeten und bis zu 672 m hohen Hügel der **Sperrin Mountains** 12 am Nordufer des Flusses Glenelly auf. Bei Spaziergängen, die in höheren Lagen auch durch Moore und Heideflächen führen, trifft man vielleicht auf Prospektoren, die das Geröll der Bäche auswaschen, denn die Sperrins gelten seit frühkeltischer Zeit als goldhaltig.

Info

Tourist Information Centre
- The Alley Arts & Conference Centre
- 1a Railway St. | Strabane
- Tel. 028/7138 4444
- www.strabanedc.com

Sperrins Tourism
- 30 High St. | Moneymore
- Tel. 028/8674 7700
- www.discovernorthernireland.com/sperrins

*Ulster-American Folk Park 13

Bei **Omagh** liegt der Ulster-American Folk Park, eine gelungene Darstellung des Beitrags von Ulster zur Entwicklung Amerikas. Allein von den Unterzeichnern der Unabhängigkeitserklärung stammen fünf aus Ulster. Das Freilichtmuseum versammelt u. a. irische und amerikanische Häuser des 18./19. Jhs. und das originalgroße Modell eines Auswandererschiffs im Aufriss. (März bis Sept. Di–So 10–17, Okt.–Feb. Di–Fr 10–16, Sa, So 11–16 Uhr, letzter Einlass 90 Min. vor Schließung; www.nmni.com/uafp).

*Enniskillen 14 und das Seenland

Mittelpunkt eines der schönsten Feriengebiete abseits der Küste, der Seenlandschaft von Lough Erne, ist Enniskillen. Hier kann man Kabinenkreuzer mieten, die auf dem lang gezogenen Upper Lough Erne und dem Lower Lough Erne ein großartiges Revier haben und über den wieder eröffneten Shannon-Erne Waterway noch viel weiter fahren können › **Special S. 73.**

Drei Sehenswürdigkeiten nahe Enniskillen sind von besonderem

Reiz. Südlich der Stadt lohnt sich ein Abstecher zum grandiosen Anwesen ***Florence Court.** Dieser palladianische Landsitz entstand Mitte des 18. Jhs. und ist mit aufwendigen Rokokostuckaturen geschmückt (Gärten: tägl. 10–16, März–Okt. bis 19 Uhr; Haus: nur Führungen, immer 11–17 Uhr: Juli, Aug. tgl.; Okt., März–Mitte April nur Sa, So; Mai Di geschl.; Sept. Fr geschl.; www.nationaltrust.org.uk/florence-court).

In die kühle anglo-irische Eleganz des ausgehenden 18. Jhs. wird man in ****Castle Coole** (an der A 4, 3 km südöstl.) versetzt. Das 1790 von James Wyatt entworfene Palais gilt als der gelungenste klassizistische Bau in ganz Irland (Gärten: März–Okt. tgl. 10–19, sonst bis 16 Uhr; im Haus nur Führungen: 11–17 Uhr, Mitte März–Ende Mai, Sept. nur Sa, So, sonst tgl.; www.nationaltrust.org.uk/castle-coole).

Per Ausflugsboot auf dem Lower Lough Erne oder mit der Fähre von Trory Jetty an der N 32 gelangt man nach ***Devenish Island** mit Kirchen- und Klosterruinen aus dem 12. bis 15. Jh., einem Museum und dem 25 m hohen Rundturm, von dem sich eine herrliche Aussicht bietet (EHS-Fähre Juni–Mitte Sept. tgl. 10, 13, 15, 17 Uhr, Ostern–Juni Sa, So; Tel. 028/9054 6518; www.doeni.gov.uk/niea).

Im Ulster-American Folk Park

Hotel

Killyhevlin Hotel ●●
Designhotel direkt am See mit 70 individuell gestalteten Zimmern, guter Küche und Spa.
- Dublin Rd.
- Enniskillen
- Tel. 028/6632 3481
- www.killyhevlin.com

Restaurant

Melvin House and Bar ●
Steak und Forelle zum Lunch im Pub.
- 1–5 Townhall St.
- Enniskillen
- Tel. 028/6632 2040

Shopping

The Buttermarket
Auf dem Gelände des ehemaligen Buttermarkts verkaufen Kunsthandwerker ihre Waren (auch gutes Café).
- Down St.
- Enniskillen

Info

Fermanagh Lakeland Tourism
- Wellington Rd./Shore Rd.
- Enniskillen
- Tel. 028/6632 3110
- www.fermanaghlakelands.com

Ausflug zur Boa Island 15

Boa Island nordwestlich von Enniskillen ist durch eine Brücke mit dem Festland verbunden.

Am Westende der Insel weist ein Schild auf den ***Caldragh Cemetery** hin: Im Friedhof am Ufer stehen zwei vorchristliche keltische Statuen, von denen besonders die größere höchst eindrucksvoll ist. Die Standbilder werden oft als »januskröpfig« bezeichnet, weil auf beiden Seiten des herzförmigen Kopfs jeweils ein großäugiges Gesicht eingemeißelt wurde.

Bundoran 16 und Umgebung

Bundoran ist ein beliebtes Seebad mit Spielhallen, Pommesbuden und dem angeblich saubersten Strand Europas, dem Tullan Strand.

Wenig nördlich davon liegt der geschäftige Marktflecken **Ballyshannon** auf einem Hügel über dem Fluss Erne. **Rossnowlagh** ist beliebt bei Campern und Surfern, die einen Badeurlaub an der Donegal Bay verleben möchten.

Hotel

Sandhouse Hotel ●●

Das Hotel liegt direkt in den Dünen des weiten Strands. Restaurant mit irischen Spezialitäten, Spa-Bereich.

- Rossnowlagh
- Tel. 071/ 985 1777
- www.sandhouse.ie

Donegal 17

Der Name Donegal bedeutet »Burg der Fremden« und geht auf die Wikinger zurück, die an der Bucht ein Fort errichtet haben. Die größte Sehenswürdigkeit des kleinen Orts ist die Ruine von **Donegal Castle** aus dem 15. Jh. mitten im Zentrum. Auch vom ehemaligen Franziskanerkloster **Donegal Abbey** an der Mündung des Eske-Flusses existieren nur noch Ruinen. Im Kloster wurden um 1630 die *Annals of the four Masters* verfasst, eine umfassende Geschichte des irischen Volkes. Auf dem dreieckigen Marktplatz von Donegal, dem *Diamond*, erinnert ein Obelisk an die Franziskanermönche, die das Geschichtswerk geschrieben haben.

Info

Tourist Information Office

- The Quay | Donegal
- Tel. 074/972 1148

Hotels

Harvey's Point ●●●

Schön gelegenes, niveauvolles Hotel mit sehr gutem Restaurant.

- am Lough Eske (N15, dann ausgeschildert)
- Tel. 074/972 2208
- www.harveyspoint.com

Mill Park Hotel ●●●

Idyllisch an der Donegal Bay im Cottagestil errichtet und geschmackvoll gestaltet, großzügige Zimmer und Wellnesscenter.

- The Mullins | Tel. 074/972 2880
- http://millparkhotel.com

Ausflug zum **Slieve League**

Am Nordufer der Donegal Bay erstreckt sich einer jener Abschnitte von Irlands Westküste, die zum übermäßigen Gebrauch von Superlativen verleiten. Die N 56 führt nordwestlich aus Donegal Town durch die Dörfer Mountcharles und Dunkineely. An der Spitze einer schmalen Landzunge steht der Leuchtturm von St. John's Point mitten in der Bucht. Die R 263 führt dann zum bedeutenden Fischereihafen **Killybegs** und weiter an der Küste entlang.

Richtig spektakulär wird es, wenn die bunten, steilen Felsenklippen erreicht sind, die den Südhang des Bergs **Slieve League** (601 m) bilden. Zur schönsten Aussicht sollte man allerdings den Schildern nach Teelin und von dort nach Bunglas folgen, denn der mit »Slieve League« beschilderte Weg führt nur an den Berg. Wieder ganz andere, nicht weniger reizvolle Perspektiven der Küste eröffnet eine Bootsfahrt ab Teelin Pier (Tel. 074/973 9365, www.sliabhleagueboattrips.com).

Am Slieve League

*Glencolumbkille

Sowohl das Tal als auch das Dorf an seinem Ende tragen den Namen Glencolumbkille, »Tal des Columban«. Der Namensgeber, der später in Schottland missionierte und dort das Kloster von Iona gründete, wurde um das Jahr 521 als Spross des irischen Kriegeradels in Donegal geboren. Ein Bethaus und andere Gebäudereste sowie einige Kreuzsteine dienen bis heute am 9. Juni, dem Festtag des Heiligen, als Stationen einer nächtlichen Barfußprozession, die um 3 Uhr früh in der Dorfkirche endet.

Im **Folk Village Museum** illustrieren drei unterschiedlich eingerichtete Katen das Leben der örtlichen Bevölkerung vom frühen 18. bis ins 20. Jh. Das 1967 eröffnete Museum verdankt seine Entstehung dem 1987 verstorbenen Priester James McDyer. Er übernahm die Pfarrei in den 1950er-Jahren und war über die damalige Abwanderungsrate von ca. 75 % so entsetzt, dass er diverse erfolgreiche Produktionskooperativen ins Leben rief und Maßnahmen zur Fremdenverkehrsförderung einleitete, die sich als erfolgreich erwiesen.

Ardara

Über die Passhöhe von *Glengesh mit steiler Straße und grandiosen Ausblicken erreicht man Ardara. Hier werden in zahlreichen Läden Tweed und Strickwaren verkauft, und außerhalb des Dorfes kann man Werkstätten besuchen.

Das **Ardara Heritage Centre** im einstigen Gerichtsgebäude an der Brücke bietet Informationen zu Flora, Fauna, Geschichte und Folklore der Region; außerdem Webereivorführungen.

Die Küsten Donegals

Die Westküste ist auch bei Urlaubern aus Nordirland beliebt, sodass es hier im Sommer meist recht voll ist. Vom Strand von Naran auf der Landspitze von Dawros Head nördlich von Ardara kann man bei Ebbe zur winzigen Insel **Inishkeel** hinüberwandern, auf der die Reste eines frühchristlichen Klosters zu sehen sind. Immer zerklüfteter wird nun die Küste mit unzähligen vorgelagerten Inselchen, und folgerichtig heißt das Gebiet nördlich von **Dungloe** »The Rosses« (irisch *Na Rosa*), »die Landzungen«.

Von **Burtonport** verkehrt eine Fähre zur dicht besiedelten »anderen« Insel Aran, auch *Arainn Mhór* bzw. Aranmore genannt.

Bei einer Umrundung der Nordwestecke von Donegal lohnen sich Abstecher zu Stränden und kleinen Häfen, z. B. bei Bunbeg, Bloody Foreland, Falcarragh oder Horn Head mit der schönen Aussicht von den bis zu 180 m hohen Klippen, sowie zu dem hübschen Ferienort **Dunfanaghy**.

*Glenveagh National Park

Der 1986 eröffnete Nationalpark schließt mit dem **Errigal** (752 m) und dem **Slieve Snaght** (683 m) die beiden höchsten Berge Donegals ein. Naturliebhaber kommen vor allem wegen der rauen Berglandschaft, der Seen, Täler und Wälder hierher.

Glenveagh Castle am Ufer des Lough Veagh

Am Südufer des **Lough Veagh** thront in einmalig schöner Lage das 1870 von John George Adair erbaute **Glenveagh Castle**. In den liebevoll gepflegten Gärten wachsen viele exotische Pflanzen (Schloss geöffnet tgl. 10–17.30 Uhr, www.glenveaghnationalpark.ie).

Rathmullan 23

Die tief ins Land eingeschnittene Bucht **Lough Swilly** trennt die beiden Halbinseln Inishowen und Fanad. Auf engen Straßen zur Landspitze von Fanad Head kommt man durch Rathmullan, einen charmanten Ferienort mit historischen Sträßchen und beliebtem Strand.

Nördlich von Rathmullan fährt man hoch über der Küste entlang, bis die Straße in Haarnadelkurven zum Meer hin abfällt und sich fantastische Ausblicke auf einen der schönsten Strände der Region, *Ballymastocker Bay, eröffnen.

Hotel
Rathmullan House ●●–●●●

Das beste Hotel weit und breit. Die Zimmer sind teils luxuriös, teils recht bescheiden (Preise abgestuft). Auch das elegante Restaurant ist zu Recht beliebt.
- Tel. 074/915 8188
- www.rathmullanhouse.com

Grianan of Aileach 24

Das Rundfort auf einer 230 m hohen Hügelkuppe westlich von Derry eröffnet ein spektakuläres Panorama über Lough Swilly und bis nach Derry. Die Festungsmauer ist von Spuren prähistorischer Erdwälle umgeben, aber der Steinbau selbst stammt wohl aus nachchristlicher Zeit. Dass die Feste heute erstaunlich gut erhalten wirkt, ist einer übereifrigen Restauration um 1870 zu verdanken, die von heutigen Archäologen heftig kritisiert wird.

Eine weitere historische Stätte befindet sich südöstlich von **Letterkenny,** der größten Stadt im Nordwesten der Republik Irland (17 500 Einw.) . Ein Stück oberhalb eines Saumpfads bei Raphoe (ausgeschildert) erreicht man einen der eindrucksvollsten Steinkreise der Insel, den **Beltany Stone Circle**, und genießt von dort ein grandioses Panorama.

Die schönsten Strände
- Der Sandstrand von **Wicklow** erstreckt sich kilometerweit südwärts bis Brittas Bay, ist also ideal für lange Spaziergänge. › S. 68
- Sehr beliebt ist der **Curracloe Strand** nördlich von Wexford, der im Film »Saving Private Ryan« eine Hauptrolle spielte. › S. 68
- Gleich mit mehreren Topstränden wartet die Dingle-Halbinsel auf, aber keiner ist so weitläufig wie der 19 km lange, von Eichenwald gesäumte **Stradbally Beach**. › S. 97
- Das beliebte Seebad **Bundoran** rühmt sich, den saubersten Strand Europas zu haben. › S. 134
- In Donegal gibt es mehr als einen Traumstrand – der vielleicht beste: **Ballymastocker Bay** bei Rathmullan. › S. 137

Infos von A–Z

Ärztliche Versorgung
Prüfen Sie vor der Abreise, ob Ihre Krankenversicherung in der Republik die Behandlung bei praktischen Ärzten des Health Board und in Krankenhäusern abdeckt. In Nordirland ist die Notfallbehandlung im Rahmen des National Health Service für Touristen kostenlos.

Behinderte
Unterkunftsverzeichnisse bieten www.irelandhotels.com sowie B & B Ireland (www.bandbireland.com). Weitere Infos:
- **National Disability Authority**, 25 Clyde Rd., Dublin 4, Tel. +353(0)1/608 0400, www.nda.ie
- **Disability Action**, Portside Business Park, 189 Airport Rd. West, Belfast BT3 9ED, Tel. +44(0)28/9029 7880, www.disabilityaction.org

Diplomatische Vertretungen
- **Deutsche Botschaft:** 31 Trimleston Ave., Booterstown, Co. Dublin, Tel. 01/269 3011, www.dublin.diplo.de
- **Österreichische Botschaft:** 15 Ailesbury Ct./93 Ailesbury Rd., Dublin 4, Tel. 01/269 4577, www.bmeia.gv.at
- **Schweizerische Botschaft:** 6 Ailesbury Rd., Dublin 4, Tel. 01/218 6382/83, www.eda.admin.ch/dublin

Elektrizität
Netzspannung 220/240 Volt Wechselstrom. Für die Steckdosen braucht man dreipolige Adapter.

Einreise
Für Aufenthalte bis zu drei Monaten benötigen Bürger der EU-Staaten und der Schweiz einen Reisepass (bei EU-Bürgern reicht auch der Personalausweis), der bei Einreise noch mindestens 6 Monate gültig sein sollte (für Nordirland für die Dauer des Aufenthalts). Autofahrern mit eigenem Fahrzeug wird die Grüne Versicherungskarte empfohlen.

Feiertage
Neujahr (New Year's Day), 17. März (St. Patrick's Day), Karfreitag (Good Friday), Ostermontag (Easter), 12. Juli (Orange Day, nur in Nordirland), 1. und 2. Weihnachtsfeiertag (Chrismas Day und Boxing Day). **Bank Hoildays:** *Republik Irland:* erster Mo im Mai, erster Mo im Juni, erster Mo im August, letzter Mo im Oktober; *Nordirland:* letzter Mo im Mai und im August.

Geld
In ganz Irland kann man problemlos mit Kreditkarte zahlen und mit einer Maestro-Bankkarte plus PIN an vielen Geldautomaten Bargeld beziehen.

Landeswährung ist in der Republik Irland der Euro (€), in Nordirland das britische Pfund (£). Viele touristische Einrichtungen in Nordirland akzeptieren den Euro (Wechselgeld in Pfund).

Wechselkurs (Stand November 2013)
- 1 € = 0,84 £, 1 CHF = 0,68 £
- 1 £ = 1,19 €/1,47 CHF.

Haustiere
Haustiere vom Kontinent können auf Verkehrswegen eingeführt werden, die dem britischen Pets Pilot Project unterstehen (Infos: 0870/241 1710, www.defra.gov.uk). Der EU-Heimtierpass ist nötig, aber nicht ausreichend. Weitere Informationen: Tel. +353(0)1/607 2827, www.agriculture.gov.ie (Republik); Tel. +44 (0)870 241 1710, www.dardni.gov.uk (Nordirland).

Informationen

- **Deutschland: Irland Information Tourism Ireland**
  Gutleutstr. 32, 60329 Frankfurt,
  Tel. 069/66 80 09 50,
  www.ireland.com/de-de
- **Österreich: Tourism Ireland**
  Argentinierstr. 2/4, 1040 Wien,
  Tel. 01/5 81 89 22 70,
  www.ireland.com/de-at
- **Schweiz: Tourism Ireland**
  Badenerstrasse 15, 8004 Zürich,
  Tel. 044/2 10 41 53,
  www.ireland.com/de-ch
- Die meisten Orte der Insel haben ein Fremdenverkehrsbüro *(Tourist Information)*, das zumindest in der Sommersaison geöffnet ist.

Notrufnummern

Für Feuerwehr, Notarzt und Polizei gilt auf der ganzen Insel Tel. 112 und 999.

Öffnungszeiten

- **Banken:** In ganz Irland Mo–Fr 9.30/10–17 Uhr, Zeiten variieren nach Größe und Lage; in Nordirland mitunter auch Sa.
- **Geschäfte** sind generell Mo–Sa 9–17.30/18 Uhr geöffnet, Do in größeren Geschäften oft bis 20/21 Uhr. So sind Läden meist 12–17/18 Uhr geöffnet (Nordirland 13–17 Uhr).
- **Pubs:** In der **Republik** Mo–Do 10.30–23.30, Fr, Sa 10.30–0.30, So 12.30–23 Uhr, in **Nordirland** Mo–Sa 11–23, So 12.30–22 Uhr.
- Auf Abweichungen von den offiziellen Zeiten muss man gefasst sein, was auch für **Museen und Sehenswürdigkeiten** gilt.

Rauchverbot

In ganz Irland gilt in Gaststätten und öffentlichen Gebäuden, Taxis und Zügen ein Rauchverbot. Bei Übertretungen drohen bis zu 3000 € Strafe.

Sicherheit

Auch in Irland, v. a. in Dublin, muss man auf Taschendiebstähle und Autoaufbrüche gefasst sein.

Telefon

Telefonkarten *(phonecards)* gibt es bei Postämtern und in vielen Läden. Handys funktionieren problemlos. **Internationale Vorwahlen:** Deutschland +49, Österreich +43, Schweiz: +41, Republik Irland (auch von Nordirland aus) +353, Nordirland +44 (aus der Republik Irland: 048 plus Teilnehmernummer). Innerhalb Großbritanniens lautet die Vorwahl von Nordirland 028.

Trinkgeld

Taxifahrer erwarten 10–15 % des Rechnungsbetrags, ebenso Bedienungen in Restaurants, sofern auf der Speisekarte *Service not included* steht. Im Pub gibt man kein Trinkgeld.

Zoll

Für EU-Bürger sind Waren des privaten Bedarfs zollfrei. Schweizer dürfen max. 200 Zigaretten, 1 l Alkoholika über 15 Vol.-% oder 2 l unter 15 Vol.-% und 60 ml Parfüm ein- bzw. ausführen.

Urlaubskasse Republik Irland/Nordirland	
Tasse Kaffee	2,40/2,80 €
Glas Bier	4,70/3,90 €
Glas Guinness (pint)	5/4 €
Cola/Wasser	2,50/2 €
Sandwich	4/3 €
Kugel Eis	1,50/1,50 €
Mietwagen/Tag Juni–Aug. sonstige Zeit	ab 50/25 € ab 22/22 €
1 l Superbenzin	1,55/1,60 €

Register

Achill Island 115
Adair, John George 137
Adrigole 93
Angeln 18, 72, 73, 115
angewandte Kunst 34
Aran Islands 109
Architektur 34
Ardara 136
Ardboe 128
Ards Peninsula 127
Athlone 72

Bacon, Francis 51
Ballagh, Robert 51
Ballina 115
Ballycastle 128
Ballycroy National Park 116
Ballyferriter 97
Ballyshannon 134
Baltimore 91
Bantry 92
Barley Cove Beach 92
Beara 93
Beckett, Samuel 33
Belfast 122
- Albert Memorial Clock Tower 124
- Belfast Castle 125
- Botanic Gardens 125
- Cave Hill 125
- City Hall 122
- Cornmarket 124
- Crown Liquor Saloon 124
- Custom House 124
- Donegall Square 122
- Entries, The 124
- Grand Opera House 124
- Lagan Lookout Visitor Centre 124
- Linen Hall Library 123
- Old Museum 124
- Queen's University 125

Belleek 74
Belmullet 115
Beltany Stone Circle 137
Benwee Head 115
Binchy, Maeve 33
Blasket Islands 97
Boa Island 74, **134**
Bog of Allen 76
Book of Durrow 35
Book of Kells 34, 35, **48**
Bootsferien 18
Boru, Brian 28, 86
Boyne, Schlachtfeld am 62
Bundoran 134
Bunratty Castle 103
Burgh, Thomas 34
Burren, The 105
Burtonport 136
Bushmills 129

Cahercommaun 106
Cahersiveen 96
Cainneach, hl. 70
Camogie 21
Carrick-on-Suir 87
Cashel 110
Castle Coole 74, 133
Castle, Richard 66
Castletownbere 93
Castletownshend 91
Charleville Castle 76
Ciarán, hl. 75
Clare Island 113
Clifden 110, **111**
Cliffs of Moher 104
Clonakilty 91
Clonmacnoise 73, **75**
Clonmel 86
Columban, hl. 65, 135
Comeragh Mountains 87
Connemara 110
Connemara National Park 111

Connolly, James 29
Connor Pass 97
Cork 37, **82**
- City Gaol 84
- Cork Public Museum 84
- Crawford Municipal Art Gallery 83
- Elizabeth Fort 83
- English Market 83
- Honan Chapel 84
- Opernhaus 83
- Shandon Craft Centre 84
- St. Anne's Church 84
- St. Finbarre's Cathedral 83
- St. Patrick's Bridge 84
- The Statue 83
- University College 83
Croagh Patrick 113
Cromwell, Oliver 28, 62
Curracloe 68

Democratic Unionist Party (DUP) 27, 29
Derry 37, **130**
Devenish Island 74, 133
Dingle 96
Dingle Peninsula 96
Donegal 134
Doolin 105
Downhill Estate 129
Doyle, Roddy 33
Drogheda 61
Drumsna 74
Dublin 37
- Christ Church Cathedral 50
- Civic Museum 49
- Croke Park 21
- Croke Park Museum 21
- Custom House 51
- Dublin Castle 47

- Dublin City Gallery the Hugh Lane 51
- Dublinia 50
- Dublin Writers Museum 51
- Four Courts 51
- Fuselier's Arch 50
- Georgian House Museum 50
- Grafton Street 48
- Guinness Storehouse 52
- Ha'penny Bridge 47
- Irish Film Institute 47
- Irish Whiskey Corner 52
- Kings Inns 51
- National Botanic Gardens 52
- National Gallery 50
- National Museum of Archaeology and History 49
- National Museum of Decorative Arts and History 51
- National Museum of Natural History 50
- O'Connell Street 51
- Parnell Square 51
- Powerscourt Townhouse Centre 49
- St. Patrick's Cathedral 50
- St. Stephen's Green 50
- Temple Bar 47
- The Spire 51
- Trinity College 48

Dunfanaghy 136
Dungloe 136
Dunluce Castle 130
Dunsany Castle 65
Dursey Island 93

Elisabeth I., Königin 28, 48, 87
Ennis 104
Enniskerry 66
Enniskillen 132
Erris 115
Eyeries 93

Farrell, Michael 51
FitzGerald, Desmond 35
Florence Court 74, 133
Friel, Brian 33

Gaelic Football 21
Gaeltacht 30, 107, 110
Galway 37, **106**
Gandon, James 34, 51
Garinish Island 94
Garinish Point 93
Geister 33
Giant's Causeway 128
Glandore 91
Glencolumbkille 135
Glendalough 67
Glengarriff 93, 94
Glengesh 136
Glenveagh National Park 136
Golf 19, 73, 74
Gregory, Lady Isabella 32
Greyabbey 127
Grianan of Aileach 137

Hag's Head 105
Healy Pass 93
Heaney, Seamus 33
Heinrich II., König 28
Heinrich VIII., König 28
Higgins, Michael D. 26
Hill of Tara 64
Hill, William 83
Hone, Evie 32
Hone, Nathaniel d. J. 32
Howth 56
Hurling 20

Inishkeel 136
IRA 27, 29
Ireland's Eye 56
Irish National Heritage Park 68
Iveragh 95

Jakob II., König 28, 63
Jakob I., König 28, 129, 131
Jamestown 74
Joyce, James 33, 38, 51, 107

Kells 65
Kenmare 96
Kenny, Enda 27, 30
Kevin, hl. 67
Kildare 76
Kilfenora 106
Kilkenny 70
Killarney 37, 94, 95
Killarney National Park 95
Killorglin 95
Killybegs 135
Kilronan 109
Kinsale 89
Knock 115
Knowth 63
Kylemore Abbey 112

Lady's View 96
Lanyon, Charles 125
Latham, James 32
Lauragh 93
Laytown 62
Letterfrack 111
Letterkenny 137
Limerick 102
Lisdoonvarna 106
Literatur 32
Lough Corrib 106
Lough Erne 132
Lough Leane 94
Lough Neagh 128
Lough Ree 72, 73
Lough Swilly 137
Lough Veagh 137
Louisburgh 113

REGISTER

Maamturk
  Mountains 110
MacMurrough,
  Dermot 28
Malahide Castle 56
Malerei 32
Matthew, Theobald 83
Mayo 36, **115**
McCourt, Frank 33
McDyer, James 135
Midleton 89
Millmount 62
Moll's Gap 96
Monasterboice 61
Morphey, Garret 32
Mountains of
  Mourne 127
Muckross House 95
Mullet, The 115
Mullingar 72
Musik 33, 34, 54,
  105, 114

Newcastle 127
Newgrange 63
Newport 115

O'Brien, Edna 33
Ó Carolan, Turlough 33
O'Casey, Sean 32
O'Connell, Daniel 29, 96
Omagh 132
Ó Malley; Grace 113
Ó Riáda, Séan 33
Ormond Castle 87

Paisley, Ian 29
Parnell, Charles Stuart 29
Patrick, hl. 28, 86, 113
Pearce, Sir Edward
  Lovett 34

Pearse, Pádraig 29
Pferdesport 19
Portaferry 127
Portrush 129
Portstewart 129
Portumna 74
Powerscourt Estate 66
Purser, Sarah 32

Radfahren 19, 87
Rathmullan 137
Ring of Kerry 95
Roberts, John 87
Rock of Cashel 85
Rosscarbery 91
Rosslare 69
Rossnowlagh 134
Roundstone 110
Russborough House 66

Session 36
Shannon 72, 73, 102
Shaw, George Bernard 32
Sheep's Head
  Peninsula 93
Sinn Féin 27, 29, 131
Skellig Islands 96
Skellig Michael 96
Skibbereen 91
Slea Head 97
Slieve League 135
Sligo 37, **116**
Sneem 96
Sperrin Mountains 132
Staigue Stone Fort 96
St. Brendan the
  Navigator 92
Stout 41
Strabane 132
Stradbally 88
Strangford Lough 127

Swift, Jonathan 32
Synge, John
  Millington 32

Tanz 33
Tate, Nahum 32
Tramore 88
Trevor, William 33
Trim Castle 65
Tullamore 76
Tullynally Castle 71
Twelve Bens 110

Ulster-American Folk
  Park 132

Valentia Island 96
Valera, Éamon de 29
Ventry 97
Vernet, Joseph 66

Wall Murals 125
Wandern 19, 67, 87
Wassersport 18
Waterford 87
Wexford 68
Whiskey 41, 89, 129
Wicklow 68
Wicklow Mountains 66
Wilde, Oscar 32
Wilhelm von Oranien 28, 63
Wyatt, James 35, 113, 133

Yeats, Anne 32
Yeats, Jack Butler 32, 83
Yeats, John Butler 32
Yeats, William Butler 32, 101, 116
Youghal 88

Bildnachweis

Coverfoto: Owenmore River, Connemara © LOOK-foto/age fotostock
Fotos Umschlagrückseite: © Pixelio/Dieter Schütz (links); Jahreszeitenverlag/Wolfgang Schardt (Mitte); Fotolia/panimo (rechts)

Alamy/Holmes Garden Photos: 71; Alamy/Joe Fox Murals: U2-2; Alamy/David Sanger: 53; APA Publications/Marcus Wilson Smith: 19, 36, 61, 73, 109; Fotolia/alexanderberenz: 77; Fotolia/Nigel Cole: U2-3; Fotolia/Joe Gaugh: U2-4; Fotolia/Andrea Poole: 130; Fotolia/skc: 117; Getty Images: 35; Veit Haak: 70; Bernd Helms: 135; Huber Images/S. Damm: 15; Huber Images/Lawrence: 42; Huber Images/Fantus Olimpio: 63; Jahreszeitenverlag/Klaus Bossemeyer: 22, 111, 127; Jahreszeitenverlag/Dörthe Hagenguth: 8; Jahreszeitenverlag/Philip Koschel: 10, 12, 47, 55, 97; Jahreszeitenverlag/Mark Seelen: 67; Jahreszeitenverlag/Götz Wrage: 26, 76; laif/Patrick Frilet: 38; laif/Gonzalez: 89; laif/Gunnar Knechtel: 20; laif/Kreuels: 16; laif/Hartmut Krinitz: 84, 93; laif/Standl: 44; laif/Zanetti: 17, 50; LOOK-foto/Holger Leue: 41; LOOK-foto/H. & D. Zielske: 57, U2-1; mauritius Images/Imagebroker: 6; Karsten-Thilo Raab: 107; Guido Schmitz: 75; shutterstock/CLS Design: 104; shutterstock/Patryk Kosmider: 1, 74, 86, 115; shutterstock/Kwiatek7: 95, 98, 106; shutterstock/littleny: 11; shutterstock/matthi: 90; shutterstock/Jane McIlroy: 128; shutterstock/Keith Murphy: 112; shutterstock/Panaspics: 69; shutterstock/PHB.cz: 133; shutterstock/Elzbieta Sekowska: 5; shutterstock/walshphotos: 31, 66; shutterstock/Robert Zahler: 136; Klaus Thiele: 122, 124; Wikipedia/CC 3.0/oiram: 103; Ernst Wrba: 21

Liebe Leserin, lieber Leser,
wir freuen uns, dass Sie sich für diesen POLYGLOTT on tour entschieden haben. Unsere Autorinnen und Autoren sind für Sie unterwegs und recherchieren sehr gründlich, damit Sie mit aktuellen und zuverlässigen Informationen auf Reisen gehen können. Dennoch lassen sich Fehler nie ganz ausschließen. Wir bitten Sie um Verständnis, dass der Verlag dafür keine Haftung übernehmen kann.

Ihre Meinung ist uns wichtig. Bitte schreiben Sie uns:
TRAVEL HOUSE MEDIA GmbH, Redaktion POLYGLOTT, Grillparzerstraße 12, 81675 München, redaktion@polyglott.de
www.polyglott.de

© 2014 TRAVEL HOUSE MEDIA GmbH München
Dieses Buch wurde auf chlorfrei gebleichtem Papier gedruckt.
ISBN 978-3-8464-9788-3

Alle Rechte vorbehalten. Nachdruck, auch auszugsweise, sowie die Verbreitung durch Film, Funk, Fernsehen und Internet, durch fotomechanische Wiedergabe, Tonträger und Datenverarbeitungssysteme jeglicher Art nur mit schriftlicher Genehmigung des Verlages.

Bei Interesse an maßgeschneiderten POLYGLOTT Produkten:
Tel. 089/450 00 99 12
veronica.reisenegger@travel-house-media.de

Bei Interesse an Anzeigen:
KV Kommunalverlag GmbH & Co KG
Tel. 089/928 09 60
info@kommunal-verlag.de

Verlagsleitung: Michaela Lienemann
Redaktionsleitung: Grit Müller
Autoren: Bernd Müller, Rasso Knoller und Christian Nowak
Redaktion: Martin Waller für Werkstatt München, Buchproduktion
Bildredaktion: Barbara Schmid
Layoutkonzept/Titeldesign: Gramisci Editorialdesign, München, und Ute Weber, Geretsried
Karten und Pläne: Sybille Rachfall
Satz: Tim Schulz, Mainz
Druck und Bindung: Firmengruppe APPL, aprinta druck, Wemding

Ein Unternehmen der
GANSKE VERLAGSGRUPPE

Langenscheidt Mini-Dolmetscher Englisch

Allgemeines

Guten Morgen.	Good morning.	[gud **moh**ning]
Guten Tag. (nachmittags)	Good afternoon.	[gud after**nuhn**]
Hallo!	Hallo!	[häl**loh**]
Wie geht's?	How are you?	[hau **ah**_ju]
	Fine, thank you.	[fain, **θänk**_ju]
Danke, gut.	My name is ...	[mai **nehm**_is]
Ich heiße ...	Goodbye.	[gud**bai**]
Auf Wiedersehen.	morning	[**moh**ning]
Morgen	afternoon	[after**nuhn**]
Nachmittag	evening	[**ihw**ning]
Abend	night	[nait]
Nacht	tomorrow	[tu**morr**oh]
morgen	today	[tu**deh**]
heute	yesterday	[**jes**terdeh]
gestern	Do you speak German?	[du_ju spihk **dsehöh**mən]
Sprechen Sie Deutsch?	Pardon?	[**pahd**n]
Wie bitte?	I don't understand.	[ai **dohnt** anderst**änd**]
Ich verstehe nicht.	Would you repeat that please?	[wud_ju ri**piht** ðät, plihs]
Würden Sie das bitte wiederholen?	please	[plihs]
bitte	thank you	[θänk_ju]
danke	what / who / which	[wott / huh / witsch]
was / wer / welcher	where	[wäə]
wo / wohin	how / how much	[hau / hau **matsch**]
wie / wie viel	when / how long	[wänn / hau **long**]
wann / wie lange	why	[wai]
warum	What is this called?	[**wott**_is ðis **kohld**]
Wie heißt das?	Where is ...?	[**wäər**_is ...]
Wo ist ...?	Can you help me?	[kän_ju **hälp**_mi]
Können Sie mir helfen?	yes	[jäss]
ja	no	[noh]
nein	Excuse me.	[iks**kjuhs** miðə]
Entschuldigen Sie.	on the right	[on ðə reit]
rechts	on the left	[on ðə left]
links	Is there a tourist information?	[is_ðər_ə **tu**arist infə**mehsch**n]
Gibt es hier eine Touristen-information?	Do you have a city map?	[du_ju häw_ə **ßi**ti mäpp]
Haben Sie einen Stadtplan ?		

Shopping

Wo gibt es ...?	Where can I find ...?	[wäə kən_ai **faind** ...]
Wie viel kostet das?	How much is this?	[hau_matsch is_ðis]
Das ist zu teuer.	This is too expensive.	[ðis_is tuh iks**pänn**ßiw]
Das gefällt mir (nicht).	I like it. / I don't like it.	[ai **laik**_it / ai dohnt laik_it]
Wo ist eine Bank / ein Geldautomat?	Where is a bank / a cash dispenser?	[wäər_is ə_**bänk** / ə_käsch dis**pänn**ser]
Geben Sie mir 100 g Käse / zwei Kilo ...	Could I have a hundred grams of cheese / two kilograms of ...	[kud_ai häw_ə **hannd**rəd grämms_əw tschihs / tuh kil**ə**grämms_əw ...]
Haben Sie deutsche Zeitungen?	Do you have German newspapers?	[du_ju häw **dsehöh**mən **njuh**spehpers]

Essen und Trinken

Die Speisekarte, bitte.	The menu please.	[ðə **männ**ju plihs]
Brot	bread	[bräd]
Kaffee	coffee	[**koff**i]
Tee	tea	[tih]
mit Milch / Zucker	with milk / sugar	[wið_**milk** / **schugg**er]
Orangensaft	orange juice	[**orr**əndseh_dsehuhs]
Mehr Kaffee, bitte.	Some more coffee please.	[ßəm_moh **koff**i plihs]
Suppe	soup	[ßuhp]
Fisch	fish	[fisch]
Fleisch	meat	[miht]
Geflügel	poultry	[**pohl**tri]
Beilage	side dish	[**ßaidd**isch]
vegetarische Gerichte	vegetarian food	[wädsehə**tär**iən fud]
Eier	eggs	[ägs]
Salat	salad	[**ßäl**əd]
Dessert	dessert	[di**söht**]
Obst	fruit	[fruht]
Eis	ice cream	[ais **krihm**]
Wein	wine	[wain]
weiß / rot / rosé	white / red / rosé	[wait / räd / **roh**seh]
Bier	beer	[biə]
Mineralwasser	mineral water	[**minn**rəl **woh**ter]
Ich möchte bezahlen.	I would like to pay.	[ai_wud **laik**_tə peh]